360度详解如何打造百万粉丝超级视频号

微信视频号
涨粉与运营全攻略

李达聪◎著

SPM 南方传媒 广东经济出版社

·广州·

图书在版编目（CIP）数据

微信视频号涨粉与运营全攻略 / 李达聪著. —广州：广东经济出版社，2023.1
ISBN 978-7-5454-8485-4

Ⅰ.①微… Ⅱ.①李… ②大… Ⅲ.①网络营销 Ⅳ.①F713.365.2

中国版本图书馆CIP数据核字（2022）第161509号

责任编辑：蒋先润
责任校对：路亚妮
责任技编：陆俊帆

微信视频号涨粉与运营全攻略
WEIXIN SHIPINHAO ZHANGFEN YU YUNYING QUAN GONGLÜE

出版人	李　鹏
出　版 发　行	广东经济出版社（广州市环市东路水荫路11号11~12楼）
经　销	全国新华书店
印　刷	佛山市迎高彩印有限公司 （佛山市顺德区陈村镇广隆工业区兴业七路9号）
开　本	730毫米×1020毫米　1/16
印　张	16.5
字　数	229千字
版　次	2023年1月第1版
印　次	2023年1月第1次
书　号	ISBN 978-7-5454-8485-4
定　价	58.00元

图书营销中心地址：广州市环市东路水荫路11号11楼
电话：（020）87393830　邮政编码：510075
如发现印装质量问题，影响阅读，请与本社联系
广东经济出版社常年法律顾问：胡志海律师

·版权所有　翻印必究·

前 言
Preface

掘金视频号，时不我待

相比于其他视频平台，微信视频号一经诞生便成了创作者和用户眼中的"香饽饽"：截至2022年1月，视频号创作者秋叶大叔通过33条视频为微信公众号导流，使其涨粉8000多个，获得了2万多元的付费收入；蘑菇租房的创始人龙东平，其在视频号发布的每条视频的观看量均超过了3.9万，一篇关于如何玩视频号的付费阅读文章带来了4000多元的收入，既打造了个人IP，又为品牌宣传造了势；琪琪，一名兼职做护肤品微商的大学生，利用视频号成功导流300多位客户到个人微信号，变现了1万多元……

可见，对企业和个人而言，视频号具备巨大的品牌推广、社交裂变和商业变现价值，是必须占领和守住的要塞。

首先，视频号是微信发展的重要方向。微信创始人张小龙在2020年微信公开课上说道："微信的短内容一直是我们要发力的方向。"可见，在微信的整个生态体系中，视频号的优先度是非常高的，将来占据的资源会越来越多。

其次，微信在视频号开放了庞大的公域流量。朋友圈需要加了好友才能看到，而视频号享受的则是微信的庞大公域流量——当前，微信和WeChat

（微信海外版）的月活跃用户数量已经超过了10亿，企业和个人视频号背靠微信超级流量这棵大树，爆红的概率将会更高，未来的商业价值不可估量。

最后，微信的视频号和公众号、小程序等微信生态已经形成了闭环。视频号发布的内容能够附带公众号文章的链接，从而更轻松、高效地完成变现。另外，视频号的短视频和图片内容还可以作为公众号内容的深度补充，能够更好地进行品牌积累。

而且相比于其他短视频平台，视频号天生具备更"随意"的属性，更能表达自身的真实想法。"图片或视频+文字+公众号链接"能够表达的信息更多，且更容易让人理解，更易于传播。而且，视频号的学习门槛很低，只要会发朋友圈，就会使用视频号。只要你的内容足够优秀，哪怕没有公众号，也有很大的概率被千万用户关注。再加上其自带的完整的编辑功能，不管是图片还是视频，用户都能对其进行高效处理，这使得视频号成了老少皆宜的短视频产品。

需要注意的是，视频号仅仅是企业和个人进入微信生态的入口，是发挥其创造力的起步。背靠微信平台巨大的流量金矿，适合所有人的巨大生态版图，从视频号到公众号、小程序、小游戏再到微信支付，将会碰撞出无穷的创造力和商机。

李达聪

2023年春

目 录
Contents

第1章 入门:微信下一个十年从视频号开始 / 1

1.1 视频号背后的流量红利 / 2
1.2 解码视频号 / 6
1.3 视频号开通的两个步骤 / 9
1.4 视频号"装修"的三个技巧 / 12
1.5 视频号VS其他短视频平台 / 17

第2章 定位:打造一个风格明确的视频号 / 21

2.1 只有定位精准,运营才会事半功倍 / 22
2.2 确定视频号航向的三个维度 / 25
2.3 打造差异化标签 / 31
2.4 用户需要什么就定位什么 / 35
2.5 市场:不做有天花板的领域 / 39
2.6 对手:从竞品身上找定位 / 42

第3章 算法：懂推荐机制，平台才会爱你 / 47

3.1 不懂算法，内容再好也火不起来 / 48

3.2 视频号的推荐算法及流量分发流程 / 49

3.3 引导用户三连击 / 51

3.4 强化内容标签，方便算法检索 / 58

3.5 在对的时间发布 / 62

第4章 内容：满足用户需求才有核心竞争力 / 65

4.1 满足用户需求的内容价值千金 / 66

4.2 满足用户好奇心的需求 / 70

4.3 满足用户自我表达的需求 / 76

4.4 满足用户身份认同的需求 / 78

4.5 满足用户社交分享的需求 / 81

4.6 满足用户消除痛点的需求 / 87

4.7 掌握品质内容创作模板 / 91

第5章 人设：总有人比你好却无法取代你 / 97

5.1 有人设的视频号才更有辨识度 / 98

5.2 根据用户需求打造人设标签 / 99

5.3 人设要和能力匹配 / 105

5.4 以职业来打造人设最易于上手 / 107

5.5 有差异的人设才能快速占领用户心智 / 111

第6章　视频：10万+爆款的六个打造秘诀 / 115

6.1　点击过10万的视频都有一个好脚本 / 116

6.2　封面靓，点击率才高 / 120

6.3　找一个用户爱看的主题 / 125

6.4　确定一个完整的故事主线 / 132

6.5　设计几个高潮迭起的转折点 / 135

6.6　文案秀，一句话吸引用户眼球 / 139

第7章　拍摄：小手机拍出大片效果的六大技巧 / 145

7.1　掌握技巧拍出高清画质 / 146

7.2　巧妙构图拍出电影级大片 / 148

7.3　巧用不同视角和景别打造差异化视觉 / 153

7.4　善用运镜提升视频氛围 / 159

7.5　巧布光线营造大片效果 / 163

7.6　百万点击量的爆款视频都是剪出来的 / 169

第8章　直播：出圈网红的五个养成要诀 / 177

8.1　好硬件造就好画质 / 178

8.2　提前预热吹好东风 / 181

8.3　明确玩法和制定突发预案 / 184

8.4　强化互动，爱粉、宠粉 / 186

8.5　"言值"是直播的核心竞争力 / 188

第9章 圈粉：从零到百万只差一个运营 / 195

9.1 利用种子用户实现快速裂变 / 196

9.2 设置诱饵引导种子用户分享 / 198

9.3 "三放大"玩法吸粉10万+ / 200

9.4 击中人性一次，粉丝点赞千次 / 204

9.5 提升爆款视频产出率 / 208

第10章 裂变：背靠社群引爆社交分享 / 213

10.1 定位："三明确"明晰社群方向 / 214

10.2 管理：目标+模式+制度 / 216

10.3 激活："品牌+内容+活动"提升活跃度 / 224

10.4 推广：用对战术，精准触达用户 / 227

10.5 运营：用内容和话题绑定用户 / 230

第11章 变现：将人气变为价值的六个商业密码 / 235

11.1 用户愿意为什么付费 / 236

11.2 知识付费变现 / 239

11.3 电商变现 / 241

11.4 广告变现 / 246

11.5 社群变现 / 250

11.6 直播任务 / 253

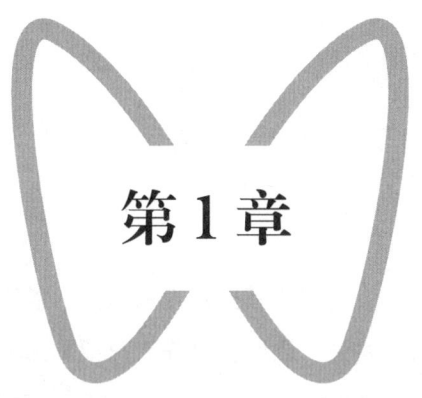

第1章

入门：微信下一个十年从视频号开始

微信已经成为当前人们手机上的"标配软件"，不管是实时通信功能，还是社交分享功能，都成为人们生活和工作中不可或缺的部分。但是微信并没有因此而止步，在短视频时代推出的视频号，将进一步完善微信体系，大幅提升微信的发展潜力。

1.1 视频号背后的流量红利

视频号背靠拥有亿万级用户的社交巨无霸微信,能够获得巨大的流量支持,这使其天生就不缺少关注。因此,创作者只要拿出内容过硬的视频,掌握一定的运营技巧,便能站在风口,乘着风快速起飞,顺利实现预定目标。

1.1.1 5G风口下的短视频盛宴

短视频的发展,大体可以分为三个阶段,如表1-1所示。

表1-1 短视频的发展阶段

阶段	时间	状态
第一阶段	2013年到2014年	以秒拍、小咖秀等为起点,短视频平台逐渐进入公众视野
第二阶段	2015年到2017年	以抖音、快手为代表的短视频平台获得资本青睐,发展迅猛
第三阶段	2018年到2021年	短视频平台垂直细分,各种类型的短视频平台涌现

短视频之所以能够在短短几年内火起来,和其自身具备的优势有很大关系,如图1-1所示。

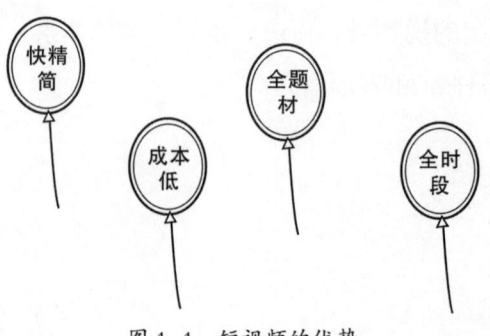

图1-1 短视频的优势

除了自身具备的巨大优势外，短视频的快速发展还和移动互联网技术的不断更新迭代有着密不可分的联系。自2020年起，中国5G战略开始加速实施，在这一背景下，短视频的发展势必迎来又一个大发展时期。《2019中国网络视听发展研究报告》提出，在互联网的访问流量中，网络视听类应用的流量占比在80%以上，流量资费大幅下降是流量使用增大的主要原因，提速降费在一定程度上促进了网络视听的发展。

在"2019全国短视频创意峰会"上，全国人大社会建设委员会副主任委员、中国网络社会组织联合会会长任贤良说："即将到来的5G技术，将使打开视频像打开图片一样快，更多普通网民可以参与内容创作，短视频将成为内容传播的绝对主力。"一旦5G建设全面完成，理论上更稳定的视频传输技术将带来新一轮的行业洗牌。虽然5G技术无法改变内容，但是智能化的信息分化可以将行业重新洗牌，优质、垂直的内容能以更快的速度出现在用户面前，而无效、低质的内容则会被快速屏蔽。

此外，5G技术对短视频的推动作用还体现在以下几个方面。

第一，5G技术的到来会加速短视频与直播的融合，二者之间的边界将会被打破。现在越来越多的短视频平台已经开设了直播功能，直播平台也增加了短视频功能。5G技术能够让直播发挥自身更实时、更具社交属性、更具互动性的优势，用户在看完短视频则后能够通过直播对创作者作进一步了解，而经过剪辑、优化而产出的短视频则能更集中地展现直播内容的精髓。

第二，5G技术的到来能让"短视频+内容营销"成为产品推广的新渠道、主渠道，能让创作者利用5G网络具有的"快"特性，做到随时随地地输出，而用户也能在5G网络的帮助下获得更好的观看体验，更直接、更精准地接收短视频所带来的信息。

1.1.2 腾讯战略级产品

2021年1月19日，张小龙在微信公开课上说，视频内容将会成为未来10

年互联网内容的主体,而微信平台希望将包括直播在内的视频的内容打造成一张品牌、企业和个人的名片。那么,作为社交巨头的腾讯,如何抓住视频内容呢?视频号的诞生,便是腾讯给出的答案。

视频号是腾讯基于微信生态推出的战略级产品,是腾讯用来连接12亿用户的内容和交易的节点。张小龙说:"相对公众号而言,我们缺少了一个人人可以创作的载体。因为不能要求每个人都能天天写文章。所以,就像之前在公开课所说的一样,微信的短内容一直是我们要发力的方向。"

简而言之,视频号是用来补充微信的生态位,用来承载12亿微信用户碎片化时间的。嵌入微信生态中的视频号,一出现便承载了微信12亿用户的巨大流量,堪称"流量界的富二代",拥有着得天独厚的发展资源。

这就使得视频号创作者在拉新和进行商业变现时,相比其他短视频平台创作者,拥有更多的资源。也就是说,只要视频号在内容和功能上能够触达用户的需求痛点,就能实现快速发展壮大,视频号创作者便能完成从草根到网红的华丽蜕变。比如摄影师李政霖通过其视频号发起了一场"陪你去看双子座流星雨"的直播,这场直播吸引了100多万用户观看,其视频号一夜间涨粉超过2万,成为首个破圈的爆款视频号。

腾讯之所以重视视频号,为其不惜投入巨大的资源,有以下两个原因。

第一个原因是从内部看,视频号堪称微信的新引擎,补足了腾讯在短视频领域的短板,打通了微信生态,如图1-2所示。

第二个原因是从外部看,视频号是抖音、快手两大App最大的竞争对手,是腾讯打破流量增长枷锁和实现高效商业变现的有效武器。使日活跃用户数量从0到2亿,快手用了8年,抖音用了2年,

图1-2 视频号打通微信生态

而视频号则仅仅用了半年！视频号的出现，让每位用户得以用最简单的方式展示最真实的生活，有利于微信打破流量增长瓶颈。另外，更多、更丰富的内容的创作，更多元的商业入口的接入，带来了更多的商业机会，不仅有利于用户快速变现，而且极大地完善了腾讯的盈利模式。

1.1.3 社交推荐更易出网红

和抖音、快手等以算法为主的短视频平台不同，视频号在分发逻辑上以社交推荐为主，以算法推荐为辅。最典型的一个表现是，当我们打开视频号时，占据C位的是"朋友"，而非抖音、快手式的推荐，如图1-3所示。

在"朋友"两侧分别为"关注"和"推荐"，如果说"朋友"代表的是社交推荐的话，那么，"关注"和"推荐"则分别代表着关注推荐和算法推荐。根据已经曝光的视频号分发机制，社交推荐在视频号算法中的占比为55%，热门推荐的占比只有15%，可见，社交推荐的视频号的优先级更高。

视频号的算法机制如图1-4所示。

由此可见，社交推荐是视频号的首要分发算法。社交推荐对创作者的好处是显而易见的：一是能够让创作者快速完成冷启动。二是可以通过微信群、朋友圈等快速实现社交裂变。让原来在微信上沉淀的大量私域流量的创作者得以快速上手，短时间内做出成绩，完成从草根到网红的华丽蜕变。

"阿龙美食教学"的视频，通常都会在

图1-3 视频号首页

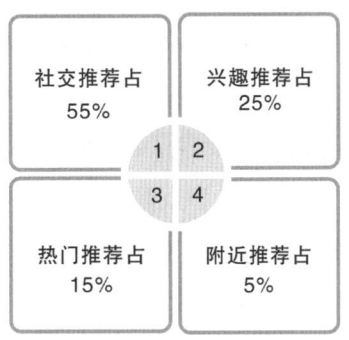

图1-4 视频号的算法机制

开头设置一个悬念，诸如纠正错误吃法，"这样吃西红柿是错误的，正确的吃法应该是……"，中间则会详细介绍制作流程，向每位观看其视频的用户展示如何做出色香味俱全的美食。

用户觉得"阿龙美食教学"的视频有趣、有价值，因此纷纷点赞和评论，而每点赞和评论一次，这些用户的微信好友都会收到"好友赞过"和"好友看过"的提示，继而引导更多的人点击观看"阿龙美食教学"的视频。在这种社交推荐加持下，"阿龙美食教学"开通3个月便吸引了百万用户关注，成为视频号新晋网红。

1.2 解码视频号

那么，视频号究竟是什么？想要回答这个问题，创作者必须了解其核心逻辑、基本定位和主要价值，只有弄清楚视频号在微信生态中的定位，才能真正解码视频号。

1.2.1 核心逻辑

微信生态体系下，朋友圈和公众号的核心逻辑如下。

（1）朋友圈：社交分发。只有你微信通讯录中的好友才能看到你的朋友圈状态，假如对方不是你的好友，搜索到你的时候完全不能查看你的朋友圈动态，或者只能查看你的10条朋友圈动态。

（2）公众号：更开放的社交分发。和朋友圈的封闭不同，公众号是完全开放的，不仅订阅的用户能够收到公众号的群发信息，非订阅用户也可以进行阅读和转发。

那么，视频号的核心逻辑是什么呢？答案很明显，视频号是微信各类产品的集合，其核心逻辑是社交分发+个性化推荐，具体表现在五个方面，如表1-2所示。

表1-2 视频号的核心逻辑与具体表现

核心逻辑	具体表现
更有效的信息流触达	通过简单真实的短视频内容有效触达用户，帮助短视频创作者展示自我
点赞后好友可见	一人点赞，其微信通讯录中的好友都会收到"好友点赞"提示
可插入文章链接	视频下方可以插入公众号文章的链接，吸引更多用户关注公众号
内容可转发	视频号内容可以转发到朋友圈，获得更多曝光机会
个性化推荐	根据用户的喜好和个性向其推荐视频内容，实现千人千面

1.2.2 基本定位

视频号在腾讯战略中，并非一个独立的产品，而是连接微信生态各产品的桥梁和枢纽，是5G时代微信内容生态的一个新入口。

具体而言，视频号的基本定位主要有三个方面，如图1-5所示。

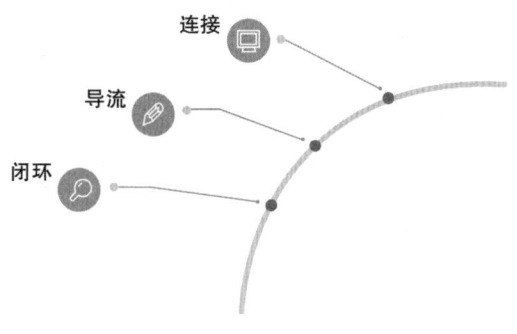

图1-5 视频号的基本定位

连接

腾讯推出视频号的一个主要目的是连接公众号、朋友圈、看一看等微信生态的所有产品。在此基础上，借助视频号进一步连接腾讯生态中的大量产品，诸如腾讯视频、腾讯新闻、腾讯公益等。

导流

通过视频号连接微信生态的各个产品后,腾讯便可向这些产品更快速、更高效地导流。比如,向用户推荐朋友的朋友,便是向朋友圈导流;链接公众号,便是向公众号导流……

闭环

通过视频号,微信得以将内容视频化,将各个产品高效地串联在一起,继而为注意力、流量以及购买力修建了一条环形跑道,满足了用户丰富多样的需求,形成了完整的闭环。

比如,视频号内容下方可以链接公众号、订阅号、小程序、第三方应用等,还可以在地址选项中链接地址,用户看完短视频后,假如对视频中的某类产品产生了兴趣,便可以点击相应的链接查看该产品的具体信息,进行下单购买。

1.2.3 主要价值

作为腾讯的一款战略级产品,微信视频号的主要价值是什么呢?

视频号对微信而言,是完善其生态的重要一环,帮助其实现了生态闭环。视频号的出现,使得微信生态产品中有了可以大幅提升用户沉浸感的短视频内容,不仅大大提升了用户体验,而且还连接了微信生态中的其他产品,比如公众号、小程序和朋友圈、微信商城等,可以实现其他短视频平台无法做到的营销生态闭环。如此一来,品牌方将用户导流到私域流量池中的机会便会大增,相比其他平台,导流折损率会更低。

视频号对于内容创作者而言,是内容形态和变现方式的一次丰富。在短视频时代,能够沉下心来阅读图文的人越来越少,喜欢看短视频的人越来越多,视频号的推出,能够让创作者以低成本创作出有吸引力的短视频。而相对于过去的"免费内容+广告流量分成"的变现模式,现在通过视频号,创作者可以利用电商、内容付费、广告等模式来变现。

视频号对于营销方而言，是一种更高效、精准地触达用户的工具。相比于抖音和快手，视频号的创作和表现形式更加简洁，它没有多余的剪辑、滤镜、特效等功能，目的在于引导用户记录更加真实的生活。这种真实的内容，更便于营销方发挥创意，嵌入品牌、产品等信息，制造引爆点，更快地进入大众视野，最终实现成功破圈。

视频号对普通用户而言，是更让人愉悦的体验平台。通过视频号，普通用户可以获得更丰富的感官体验，可以获得更深的生活感悟，可以掌握更丰富的学习技能，可以更有针对性地提升自身工作能力，可以和好友更愉悦地互动和分享……

1.3 视频号开通的两个步骤

视频号的开通步骤较为简单，创作者只需要找到入口并按照要求填写资料，便可拥有自己的视频号。为了提升视频号的权重，获得平台更多的流量支持和用户更多、更充分的信任，视频号申请成功后，创作者还需要补充完整的认证信息。

图1-6 "发现"页面的"视频号"入口

1.3.1 创建视频号

以手机端为例，视频号的申请流程如下。

（1）进入微信App，点击首页下方的"发现"按钮，在"发现"页面点击"视频号"按钮，如图1-6所示。

（2）进入视频号首页后，点击右上角的人形图标，进入"我的"页面，然后点击下方的"发表视频"按钮，如图1-7所示。

（3）点击"发表视频"按钮后，便可以进入"创建视频号"页面，创作者需要依次填写名字、性别、地区，并根据自身意愿选择是否"在个人名片上展示视频号"，最后勾选"我已阅读并同意《微信视频号运营规范》和《隐私声明》"，点击最下方的"创建"按钮即可，如图1-8所示。

图1-7　"我的"页面　　图1-8　"创建视频号"页面

1.3.2　认证类型

视频号初步创建完成后，为了保证获得平台足够的流量和权重，让自身在用户眼中更真实、更可信，创作者还需要立即进行认证。

视频号的认证流程如下。

（1）进入微信视频号首页后，点击右上角人形图标按钮，进入"我的"页面，如图1-9所示。

（2）在"我的视频号"板块，点击视频号图标，进入个人视频号首页后，点击名称右侧的"…"按钮，进入"设置"页面，如图1-10所示。

（3）在"设置"页面点击"认证"，进入"视频号认证"页面。个人可以在该页面进行兴趣认证和职业认证，企业和机构则可进行企业和机构认证，如图1-11所示。

图 1-9 视频号"我的"页面　　图 1-10 个人视频号首页　　图 1-11 "视频号认证"页面

需要注意的是，创作者需要满足一定的条件才能进行认证。以兴趣认证为例，创作者想要进行认证，需要满足三个条件：一是近30天至少发表1个内容；二是有效关注人数在1000人以上；三是已填写简介。

满足相应条件后，创作者还需要提交相应的证明材料，在审核通过后便可获得平台给予的认证标签。比如创作者想要认证"博主"中的"职场自媒体"，便需要提交以下证明资料中的一种。

（1）在对应领域持续发表原创内容，且微信视频号有效关注人数在1000人以上，并提供内容创作资料证明。

（2）在对应领域持续发表原创内容，且微信公众号有效关注人数在10万人以上。

（3）在对应领域持续发表原创内容，且除微信外其他平台有效粉丝人数在100万人以上。

1.4 视频号"装修"的三个技巧

正所谓"人靠衣装,佛靠金装",对视频号而言,适当的"装修"是必要的,精美的、有吸睛点的个人页面会在第一时间让用户感到惊艳,或让用户倍感亲切,或让用户觉得新鲜有趣,继而关注创作者。

1.4.1 设计一个好名字

对视频号创作者而言,一个好的名字是非常重要的,其主要作用如图1-12所示。

- 第一时间吸引用户关注
- 提升视频号的价值、吸引力
- 激活用户的分享行为

图1-12 视频号名字的作用

那么,创作者如何为视频号取一个好名字呢?在取名字时,创作者需要遵循五个原则。

简单好记

简单的名字便于用户记忆,从而容易通过口口相传的方式让更多的人知道,因此在为视频号取名字时,创作者需要遵循简单好记的原则。比如"秋叶大叔",这个名字便非常简单,且亲切感十足。另外,创作者也可以用自己的真实姓名作为视频号的名称，不仅简单好记，而且更易于打造个人品牌。

关联用户

创作者可以针对目标用户的需求确定视频号名字中的关键词，如此一来，视频号便和目标用户之间有了很大的关联性，能够在第一时间吸引他们的关注。比如"樊登读书"，目标用户都有读书的需求，"读书"这一关键词能够快速吸引有读书兴趣的用户群体的关注。

展现价值

用户关注你之后，能够从你这里获得什么样的价值？解答了这个问题，视频号便会对用户产生更强的吸引力。比如"小谢荐影""张三说茶"，这种"名字+定位"的起名方法能够更精准地展现视频号的价值，用户一看就知道"小谢荐影"是推荐电影的，"张三说茶"是分析茶叶知识和价值的，对影视或茶叶感兴趣的用户便会关注。

联系场景

若视频号的名字展示了某种让用户感兴趣的场景，就会使用户产生强烈的期待感。比如"十点读书"和"下班加油站"，分别通过夜晚的十点读书场景和下班后场景，强化了视频号对用户的吸引力。

强化品牌

视频号名字的个人品牌属性越强，越能在用户心中留下深刻印象，吸引用户关注的概率也就越大。比如"我是砖家啊"，此"砖家"非彼"专家"，既有自我调侃的意味，又展示了渴望成为行业专家的意愿，用户看了会觉得新奇、有趣，从而印象深刻。

1.4.2　上传高辨识度头像

创作者如何才能让自己的视频号在激烈的竞争中脱颖而出呢？内容是一方面，吸引人的名字是一方面，高辨识度的头像也是一方面。拥有一个高辨识度的头像，能够让用户多看一眼，继而提升他们关注的概率。

那么，什么样的头像才具备更高的辨识度呢？通常而言，高辨识度的头像都具备三个特点，如图1-13所示。

图1-13 高辨识度头像的特点

在具体操作时，创作者可以结合自身实际情况灵活运用以下方法设计高辨识度的视频号头像。

真实照片

创作者可以用个人的真实照片作为视频号头像，让视频号在用户眼中更亲切、更可信。最重要的是，人的面貌本身就具备超强的辨识度，以个人的真实照片做视频号的头像，在用户眼中自然便具备更高的辨识度。比如专注于教育内容输出的"秋叶大叔"，其视频号头像便是个人真实照片，使其视频号在用户眼中有着独一无二的辨识度。

真实照片可以是创作者的生活照，以靓丽、真实的形象特征快速拉近与用户的心灵距离，吸引用户关注；也可以是工作照，以专业、干练的形象快速在用户心中烙下属于自身的品牌印记。

卡通形象

创作者除了可以使用自己的真实照片作为视频号头像外，还可以使用卡通类形象作为视频号头像，以提升账号在用户眼中的辨识度。卡通形象可爱且个性十足，用得好，能够获得较强的辨识度。比如名为"一禅小和尚"的视频号，头像便是一个长着浓眉毛、大眼睛的可爱小和尚的卡通形象，让很多用户看一眼就爱上了。

在使用卡通形象作为视频号头像时，创作者需要坚持三项原则，如

图1-14所示。

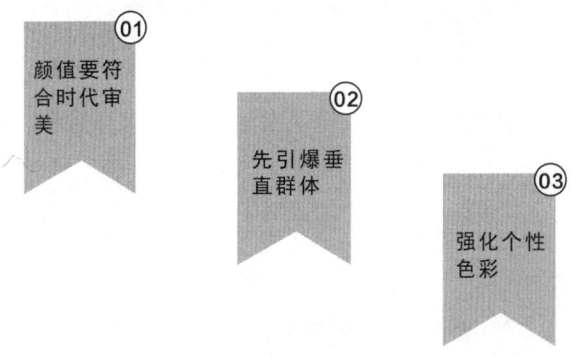

图1-14 使用卡通形象头像的原则

品牌logo

创作者想要强化个人品牌或企业品牌时，也可使用品牌logo作为视频号的头像，提升辨识度。这样做的好处是：一方面，经过专门设计的品牌logo是独一无二的，辨识度高，能够显著提升视频号的辨识度；另一方面，品牌logo也更具标签性，能够让视频号在用户眼中变得更高级、更专业、更有价值。比如"秋叶PPT""花火育儿思维""虎牙电影"等，这些视频号的头像便是该品牌的logo。

另外，创作者还可以结合自身创作方向，使用萌宠、标志性建筑物等作为视频号的头像，以提升视频号的辨识度。

1.4.3 编写一段高共鸣简介

好的视频号"门面"，除了名字和头像外，还需要一段极具吸引力的简介，用寥寥数语来让用户快速爱上自己。

简而言之，简介相当于视频号的名片，能够让用户在第一时间了解创作者，知道该视频号能够为自己带来什么价值。假如一位用户因为头像和名称对视频号有了初步的好感，那么，他接下来肯定会点击主页，来间接地"阅读"创作者。

作内容定位

在简介中明确视频号的内容定位,可以激发有需求用户的期待感,吸引他们进行点击关注。比如创作者专注于教育内容创作,那么,视频号的简介便可以这样写:恭喜你发现了一处教育金矿,这里没有笙歌,却有高效的学习方法和解题技巧。

一般来说,创作者可以使用两种方法写内容定位类简介,以吸引用户的关注,如表1-3所示。

表1-3　内容定位类简介的写法

写法	内容	举例
写创作的领域	使用户清楚该视频号专注的行业或领域,吸引有兴趣的用户关注	关注我,您便开启了健身技能工具箱,让您的身体始终处于最好状态
写细分领域的深入探索	强调视频在某一细分领域持续输出高价值内容,以细分领域吸引特定群体	专注PPT技能输出,关注我,您便会成为职场上最靓的仔

作专业证明

作专业证明是指通过简介,向用户证明你在某个领域内是专业的,水平高、荣誉多、知识丰富,关注绝对不吃亏。这样一来,创作者在用户眼中便会多了一层权威的光环,对用户的吸引力自然便会增强。

具体而言,创作者在简介中可以采用三种方法向用户证明自己足够专业,值得用户关注,如图1-15所示。

视频号"史老师

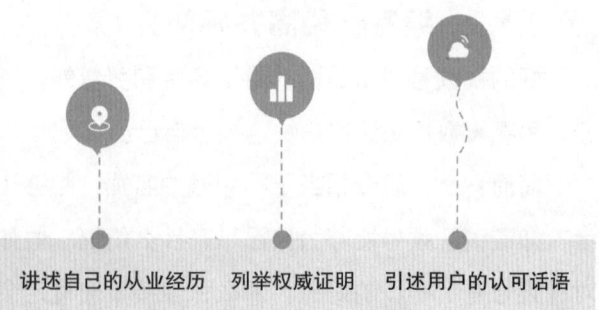

图1-15　三种专业证明法

超能数学"在简介中是如此介绍自己的:"16岁考入华南第一学府中山大学,曾被央视和广东卫视报道过的天才少年!"不管是"16岁考入华南第一学府中山大学"还是"被央视和广东卫视报道过",都是在向用户证明其专业能力,自然会对有数学学习需求的用户产生较强的吸引力。

作价值呈现

视频号只有对用户有价值,用户才更愿意去关注,因此,创作者在简介中可以强化用户所能获得的价值,提升用户对视频号的预期,吸引他们关注。

具体而言,创作者可以在视频号简介中强化三种价值来吸引用户关注,如表1-4所示。

表1-4 呈现的价值类别

价值类别	内容	举例
技能价值	明确视频号能够帮助用户获得什么技能上的价值,以此吸引用户关注	专注初中英语教学20年,关注我,你就是未来的学霸
身份价值	明确用户能够从视频号获得的身份认同价值,以身份标签吸引用户关注	这里分享的是各类化妆技巧,学会了,你也可以成为女神
精神价值	明确用户能够从视频号得到的精神价值,诸如愉悦、心灵蜕变等	在这里你可以看到各种快乐的段子

1.5 视频号VS其他短视频平台

相比于抖音、快手这些短视频"前辈",作为后起之秀的视频号有什么特别的属性呢?它又能依靠什么优势来实现弯道超车呢?

1.5.1 视频号VS抖音

作为当前最火热的短视频平台之一,抖音不管是在内容上还是体验上,都带给了用户超强的体验感。作为后起之秀的视频号,和抖音有什么区别呢?视频号有什么支撑其快速发展的特有标签呢?

具体而言,视频号和抖音之间的区别,如表1-5所示。

表1-5 视频号与抖音的区别

类别	视频号	抖音
定位	记录真实生活,期待用户用比较真实的方式记录生活,使视频号成为每个人都可以记录和创作的平台。内容偏向社交属性,围绕生活和知识展开	记录美好生活,旨在帮助用户表达自我,引导用户将生活中的美好片段记录和分享出来。因此抖音的内容偏向娱乐,且会借助滤镜、特效、神曲等手段来营造氛围
节奏	视频号的节奏比较舒缓,采用横屏、半屏幕式的瀑布流呈现方式,对知识性、沉淀性内容输出更加友好	抖音是一款沉浸式产品,强调视听刺激,持续向用户"投喂"兴趣内容,因此沉浸感极强,节奏较快
算法	视频号以社交推荐为主,创作者发布的视频内容,其微信通讯录好友能优先看到,朋友点赞、评论的内容,也会推荐给其他好友	抖音是典型的算法分发,后台会基于用户在平台上的播放、点赞、留言、分享等行为数据,智能化地推荐其感兴趣的内容,继而实现千人千面
生态	视频号属于微信内嵌产品,背靠微信生态圈,其内容可以插入公众号、分享到朋友圈,在视频号上可以发起直播并关联微信小商店进行带货	抖音一方面通过自建生态,推出直播星图、抖音小店等内容变现产品,支持创作者通过直播带货、橱窗展示等方式变现;另一方面通过电商联动、社交营销等实现商业转化

可见,虽然从表面上看视频号和抖音二者都属于短视频平台,但是从本质上看,二者不管是在定位、设计观念、内容分发还是变现路径上,都存在

着较大的差异。相对于公域流量属性明显的抖音,视频号更适合拥有较大私域流量的创作者。

1.5.2 视频号VS快手

快手作为短视频行业的"元老",截至2020年上半年,其应用程序和小程序的中国日活跃用户数量已经突破了3亿。那么,作为后起之秀的视频号,和快手有什么区别呢?

视频号和快手之间的区别,如表1-6所示。

表1-6 视频号与快手的区别

类别	视频号	快手
品牌口号	记录真实生活	拥抱每一种生活
内容形态	视频(以3秒到60秒的短视频、1分钟到30分钟的中长视频居多)、直播、图片、影集	11秒或57秒的短视频,1分钟到5分钟的中视频,直播
消费场景	泛娱乐+工作场景	泛娱乐
内容分发	去中心化,关注人多于关注内容。社交推荐+算法推荐,基于关注订阅获得原始曝光,基于社交分发和关系推荐获得二次曝光,评论权重>转发权重>点赞权重	去中心化,流量不会过于向头部倾斜,给予每个人平等展示的机会,让每个人都能成为优质内容的生产者和真实生活的记录者
种子用户	公众号创作者,抖音和快手KOL	三、四、五、六线城市和农村用户

1.5.3 视频号VS哔哩哔哩

哔哩哔哩是当前受年轻人追捧的视频平台,其建立之初的定位是小众的二次元平台,用户多为一、二线城市的年轻人,之后随着内容的不断多元化,哔哩哔哩迅速"出圈",成为更多人冲浪的首选视频平台。

那么，视频号和哔哩哔哩之间有哪些区别呢？具体而言，视频号和哔哩哔哩之间的区别如表1-7所示。

表1-7 视频号与哔哩哔哩的区别

类别	视频号	哔哩哔哩
品牌口号	记录真实生活	你感兴趣的视频都在B站
内容形态	视频（以3秒到60秒的短视频、1分钟到30分钟的中长视频居多）、直播、图片、影集	视频（对视频长度没有限制，从10多秒到几个小时时长的都有）、动态、直播、专栏
消费场景	泛娱乐+工作场景	泛娱乐+学习
内容分发	去中心化，关注人多于关注内容，社交推荐+算法推荐，基于关注订阅获得原始曝光，基于社交分发和关系推荐获得二次曝光，评论权重＞转发权重＞点赞权重	去中心化，关注人多于关注内容，关注订阅+算法推荐，基于关注订阅获得原始曝光，基于系统推荐获得二次曝光，一键三连权重＞转发权重＞点赞权重=评论权重=弹幕权重＞收藏权重
种子用户	公众号创作者，抖音和快手KOL	年轻的ACG爱好者，视频创作者

第 2 章

定位：打造一个风格明确的视频号

定位之于视频号，犹如船舵之于巨轮，它直接决定了视频号今后的运营方向。选择的方向不同，行业不同，视频号在用户眼中的价值就有差别，今后的发展潜力自然也会千差万别。因此，一个优秀的视频号首先必须定位精准，其次要风格明确，这样成为网红的潜力才更大。

2.1 只有定位精准，运营才会事半功倍

在绝大多数情况下，不管是个人还是企业，目标越明确，方向越清晰，行动便越有针对性，前进的动力便越强劲，最终成功的概率就越高，视频号运营也是如此。对创作者而言，想要运营好视频号，最重要的是要做到精准定位。创作者要先明确地知道自己想打造什么样的视频号，为视频号今后的发展指明方向，才能有针对性地创作内容，才能事半功倍。

2.1.1 直接展示：我就是个卖东西的

对很多商家、企业和有志于创业的个人而言，运营视频号的目标是更好地营销和引流，更快速地扩大品牌知名度，卖出更多的产品。因此，这类创作者在定位视频号时，需要直接告诉用户你就是个卖东西的。选择这样的定位的好处是：一来可以光明正大地围绕产品做内容，持续提升品牌知名度；二来可以快速为线上店铺导流，卖出更多产品。

简而言之，"我就是个卖东西的"，这种定位方式虽然看似简单、粗暴，但却能够让用户一目了然，快速了解创作者的意图，吸引感兴趣的人深入了解品牌和产品。

视频号"木雕缘根工艺品"的定位便非常明确：通过直接告诉用户"我就是个卖木雕的"，吸引喜欢木雕艺术和木雕产品的用户关注，精准导流、卖货，如图2-1所示。

"木雕缘根工艺品"在对自己的定位进行直接展示时，具体采用了以下三种方法。

其一，视频号名称展示。在视频号名称中直接展示产品，表明自己就是

"卖木雕的",让用户一看到视频号名称就知道该视频号的定位,吸引对木雕产品感兴趣的用户关注。

其二,发布内容展示。"木雕缘根工艺品"发布的视频都和木雕有关,通过展示木雕艺术成品、木雕刻制过程等,强化木雕艺术气息和品质感,刺激用户的消费欲望。

其三,发布内容中的细节展示。通过对木雕细节的特写,向用户展示木雕工艺品的品质和美感,突显产品的精良性。

这种鲜明的定位,让"木雕缘根工艺品"吸引了众多"木雕迷"关注,打造出了良好的品牌形象,销售出了更多木雕产品。

图 2-1 "木雕缘根工艺品"的视频号主页

2.1.2 打造品牌:我要成为视频号网红

视频号在定位时,除了直接向用户展示产品外,还可以直接打造个人品牌:我要成为视频号网红,我想从草根变为红人。简而言之,打造个人品牌的最终目的在于打造个人IP,通过一系列的展示和包装等手段,让创作者由草根成功进化为视频号红人。

很多人都非常羡慕那些拥有百万粉丝的视频号创作者,看着他们每条视频都能吸引十几万甚至数百万用户围观,获得百万点赞,不禁感叹他们红得发紫。其实这些拥有百万粉丝的视频号创作者,大部分在最初也是草根,和其他新人并没有什么不同。他们之所以能够打响个人品牌,和最初的定位有很大关系——这些人知道自己要成为什么,所以从发布第一条短视频开始,便为自己确定了"我要当网红""我要出名"的目标。有了这样精准的定位,他们之后输出的内容便非常有针对性,用户喜欢什么便输出什么,用户需要解决什么痛点便提供什么方案。如此一来，关注的用户越来越多，个人品牌自然也就被越来越多的人熟知。

在具体操作时，视频号创作者如何才能做好品牌定位呢？视频号创作者可以从三种方法入手，如图2-2所示。

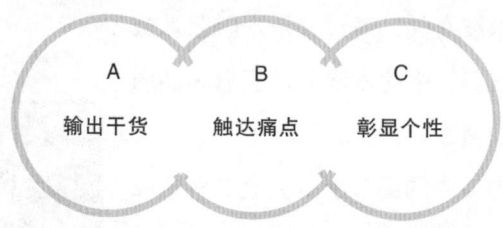

图 2-2 品牌定位方法

视频号"舌尖上的菜馆"的创作者最初只是一位美食爱好者，他对各种美食有着非常深入的研究。因此，他将晚餐制作过程拍成短视频，和大家一起分享美食烹制的快乐。

（1）分享选购食材的技巧，教大家如何选购新鲜食材。

（2）分享食材加工技巧，传授食材加工方法。

（3）分享美食烹饪技巧，重点展示美食烹制过程，放大美食色香味的诱惑。

（4）彰显热爱美食、热爱生活的情怀，和大家一起享受大自然的馈赠。

由于技巧实用，解说到位，"舌尖上的菜馆"吸引了无数美食爱好者的关注，继而成功跻身网红行列，如图2-3所示。

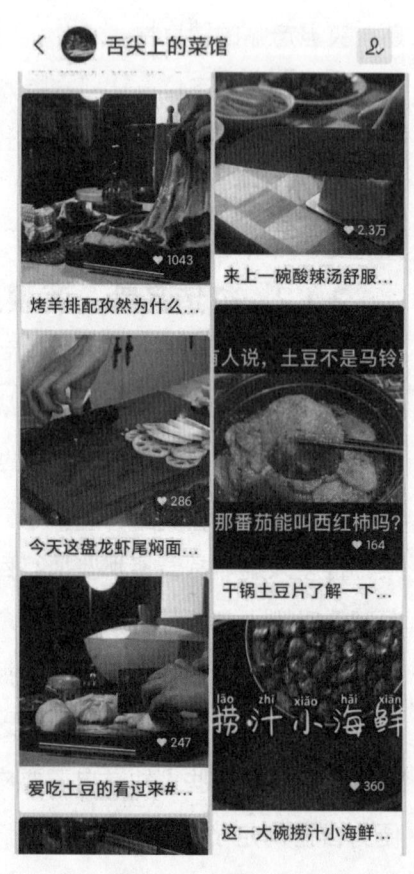

图 2-3 "舌尖上的菜馆"的视频号主页

2.1.3 社交分享：我是价值传播者

除了直接卖产品和做红人之外，视频号创作者还有其他定位吗？答案是肯定的。比如将视频号定位为社交分享平台，通过展示自身个性、特长等，认识更多志同道合的朋友。定位为此时，视频号创作者要明确自己为什么要发布短视频，通过持续的内容输出能够为用户带来什么样的社交价值。

通常而言，视频号社交分享定位可以通过四种方法实现，如图2-4所示。

图2-4 视频号社交分享定位方法

视频号"胖哥影院"的创作者专注于输出电影解说类视频，主要分享两个方面的电影内容：其一，向用户推荐精彩影视；其二，吐槽烂片和烂情节。因为其视频号具有解说语言幽默、剧情分析透彻、精彩点多的特点，因而备受用户喜爱。因其鲜明的社交娱乐定位，"胖哥影院"在用户的内心中留下了深刻印象。

2.2 确定视频号航向的三个维度

如何精准定位视频号一直困扰着很多创作者，其实做好视频号定位并非想象中那么困难，只要找准方法便可轻松、高效地完成。一般情况下，为了保障定位的准确性，视频号创作者在做定位时，可以从三个维度入手，即行业维度、内容维度和用户维度。

2.2.1 行业维度

进入任何一个短视频平台,我们会发现其中的内容包罗万千,几乎是什么行业的都有,有的人在分享自己的旅游经历,有的人在唱歌跳舞,有的人在画画写字,有的人在做美食……对创作者而言,选择的行业不同,代表着视频号今后的创作内容和发展方向也会不同。因此,创作者在做视频号定位时,首先需要确定行业,其次是明确细分领域。

那么,如何进行视频号的行业定位呢?

从自身擅长的方面确定行业

创作者可以从自身擅长的方面出发,做自己能做好的事情。比如视频号"卢战卡",他最擅长的是在不同的场合说不同的话,针对不同的场景提供不同的话术解决方案。"卢战卡"便将自己定位于"教育行业",将各种说话之道拍成了短视频,教人如何在各种场景中高情商说话,因此在视频号上获得了可观的流量。

站在用户的立场上看,他们不可能什么内容都关注,他们只会关注质量好的、有标签的内容。因此,创作者只有进入自身擅长的行业,才有机会做出成绩,做出爆款视频。

那么,创作者如何才能确定什么是自身擅长的事情呢?创作者可以先将自己擅长的事情罗列出来,然后根据三个标准来选择最有发展潜力的一项,最后确定视频号的行业属性,如表2-1所示。

表2-1 确定最有发展潜力的方向的三个标准

标准	内容	举例
程度高低	越擅长,专业性越强,对用户的吸引力越大	专业水平的爱好比业余水平的爱好更有商业价值
市场大小	对应的市场是大还是小,优先选择市场大的行业	相比垂钓市场,美食市场更大
商业价值	擅长的事情中,哪一件事情的商业价值更高,优先选择商业价值更高的那件事情	做美食比吃美食更有商业价值

根据喜好确定行业

对一件事情的擅长程度,能够代表创作者可以达到的行业高度,而喜好则关乎创作者输出优质内容的持久力。因此,创作者只有选择自己喜欢的行业,才能找到幸福感。只有拥有了成就感、价值感和满足感,创作者才会始终保持旺盛的创作力。

那么,视频号创作者如何确定自己是否真正喜欢某个行业呢?创作者可以根据三大标准来作出判断,如图2-5所示。

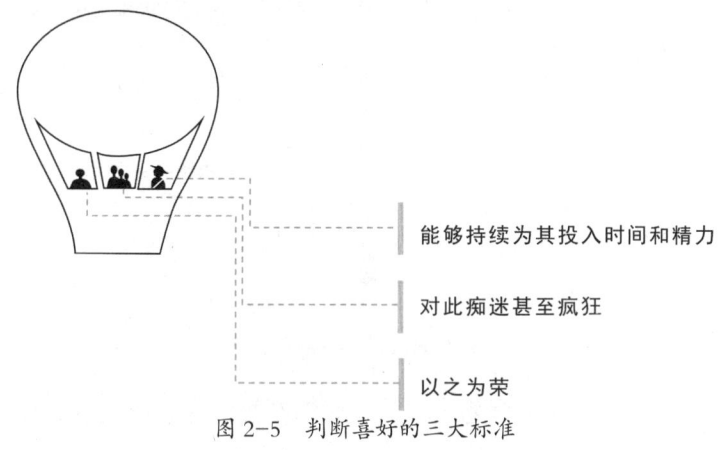

图 2-5 判断喜好的三大标准

视频号"小葫芦一字马学姐",其创作者非常喜欢跳舞,尤其是做一字马的动作。于是她便坚持在视频号上分享自己的舞蹈动作,穿着不同的服装,在不同的地方,大秀自己的一字马。因为动作难度高,舞姿优美,再加上持续的、高质量的短视频输出,"小葫芦一字马学姐"深受用户喜爱。

2.2.2 内容维度

明确要选择的行业后,创作者还需要确定内容创作的方向。特别是在当前内容同质化严重的大背景下,内容只有做到差异化,才能令用户眼前一亮,才能吸引更多的人关注,继而使得视频号在激烈的竞争中脱颖而出。

因此,在做内容定位时,创作者需要输出差异化的行业内容,努力为视频号贴上差异化标签。

强化内容的标签属性

如何才能让内容看起来与众不同呢？如何才能在用户心中留下深刻的印象呢？一个最好的也是最简单的方法便是强化内容的标签属性。

所谓"内容的标签属性"，是指在内容上能够带给用户的标志性看点，那如何强化内容的标签属性呢？方法举例如图2-6所示。

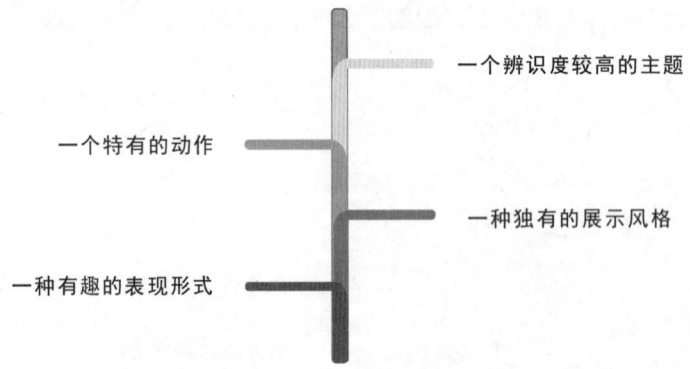

图 2-6 强化内容的标签属性的方法举例

比如"小葫芦一字马学姐"，为了能够在舞蹈这个行业中更有辨识度，让内容更有吸引力，其所有的舞蹈短视频中都有一字马的动作，动作难度高，观赏性强，在用户眼中便自然有了较强的标签属性，对用户自然产生了强大的吸引力。

内容细分化、垂直化和专业化

为了避免内容同质化，除了强化内容的标签属性外，创作者还可以通过内容细分化、垂直化和专业化来实现。要知道，行业越细分，内容重合的概率就越小，而内容越垂直、越专业，给予用户的新奇感和价值感就越强，对他们的吸引力自然就越大。

具体而言，创作者可以通过两种方法来实现内容细分化、垂直化和专业化，如图2-7所示。

```
┌─ 01 ─────┐
│          │
│ 细分领域呈现 │
│          │
└──────────┘

              ┌─ 02 ─────┐
              │          │
              │ 独特视角解读 │
              │          │
              └──────────┘
```

图 2-7　实现内容细分化、垂直化和专业化的方法

例如科普类短视频，大多数创作者会常规性地选择列举科学理论的方式，用户看得多了，就容易产生审美疲劳。假如采用独特视角解读的方法，则会让科普内容在用户眼中变得更新奇、更有趣。比如，将洗澡搓下来的黑泥放到显微镜下放大100倍，随着视角的改变，原本看似平常的黑泥会带给用户一种惊奇感，让用户对其有更深的了解，视频内容自然也就更加细分化、垂直化和专业化了。

2.2.3　用户维度

确定了行业和内容后，视频号创作者还需要确定目标用户。因为只有知道目标用户后，创作者才能根据他们的喜好有针对性地创作内容，满足他们的迫切需求，继而实现精准触达。

那么，视频号创作者如何定位自己的目标用户呢？定位视频号的目标用户时，创作者需要回答三个问题。

我要帮助谁？

创作者通过自身特长或优势进行内容创作，能够帮助哪些群体，让他们获得实实在在的利益？找到了这个问题的答案，创作者便能大致确定目标用户群体。

比如，创作者善于言语表达沟通，擅长针对不同场景、不同身份的人物说走心的话，那么，这样能帮助到什么类型的人群呢？答案很明显，创作者的高情商话术能够让不善于交际的群体从中受益。那么，当创作者在视频号上分享如何进行言语表达沟通的视频时，这一群体就是目标用户群体。

他们可能遇到什么问题？

确定了目标用户群体的大致范围后，创作者还需要找到他们可能遇到的问题，了解他们的迫切需求，如此才能有针对性地进行创作，达到事半功倍的效果。

在分析目标用户可能遇到的问题时，创作者可以从三个方面切入，如图2-8所示。

比如，在分析不善交际的群体可能遇到的问题时，我们可以从这三个方面着手。

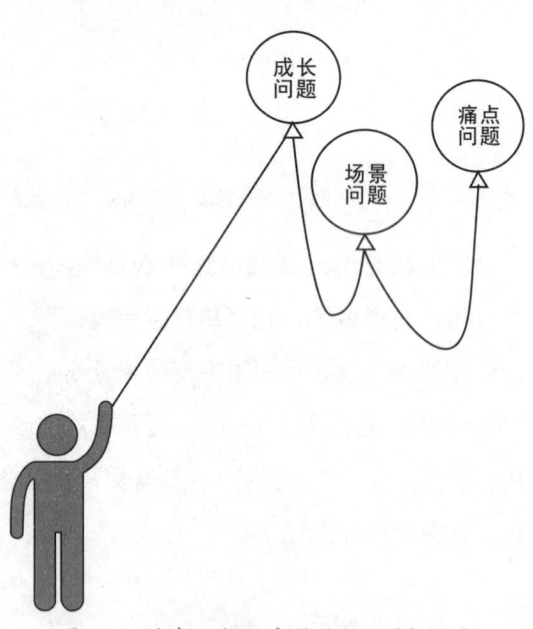

图2-8 分析目标用户所遇问题的切入点

（1）成长问题：在生活中与亲朋好友、同事、领导等相处时，应该如何说话？

（2）场景问题：相亲时如何快速取悦对方？酒场应酬时如何向领导敬酒？

（3）痛点问题：如何做到高情商说话，以便人见人爱？

如何帮助他们？

列出问题后，创作者还需要给出解决方案，明确如何才能高效地帮助目标用户提升能力，满足他们的需求。只有做到这一点，视频号对目标用户才更有吸引力，在他们眼中才更值得关注。

当然，并非什么样的解决方案都能帮助用户、吸引用户，优质的相关问题解决方案一般都具备三个特点，如图2-9所示。

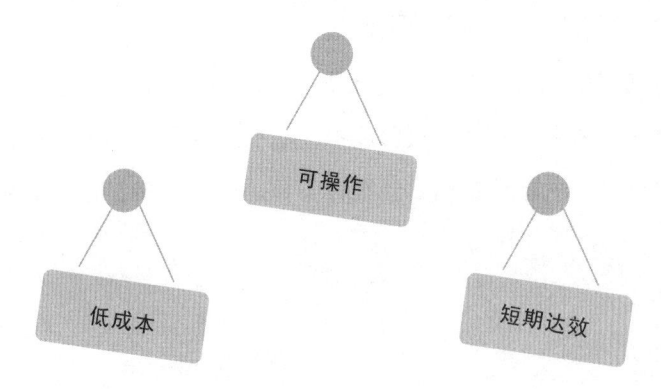

图 2-9　优质的相关问题解决方案的三个特点

比如，针对不善言谈的群体如何在相亲时取悦对方的问题，创作者可以提出如下解决方案。

方案一：言语不够礼物来凑。事前了解对方喜好，通过赠送小礼物的方式来获取对方好感，提升自身在对方心目中的形象。

方案二：一句赞美胜过千言。不擅长说，那就赞美，这个世界上没有人不喜欢听赞美自己的话，"你真美"，虽然只有三个字，效果却很好，会让对方欣喜不已。

2.3　打造差异化标签

有特点的人，往往会在一群人中最先获得关注，视频号定位也是这个道理。只有视频号差异化明显，才能让用户从诸多账号中优先发现这个视频号、记住这个视频号，进而喜欢上这个视频号。因此，视频号创作者在为自己的视频内容进行定位时，需要打造差异化标签，这样便可使其在第一时间吸引用户。

2.3.1 打造"三化"标签

视频号之间的差异点虽然各不相同，但彼此间却存在着一些类似的属性。创作者在定位视频号时，只要能抓住这些类似的属性，就能快速强化自身视频号的特点，进而将其和其他视频号显著区分开来，让其在用户眼中更具辨识度。

逆向化

想要与众不同，最直接的方法便是逆向化思考，通过逆向化思考，找到用户认知的思维盲区或者新起点，继而快速打造出自身的独特标签。

视频号"白白逛豪宅"便是依靠逆向化思考取得成功的典型代表，不同于绝大多数的以"中国人"身份发布内容的视频号，"白白逛豪宅"输出的所有内容的视角都是外国人的视角——在视频中，创作者以外国人的视角来解读中国建筑之美。因为身份和视角的不同，他们对诸多中国人司空见惯的建筑进行了全新的解读，独特的视角再加上新奇的改造，吸引了大批用户围观，如图2-10所示。

图 2-10 "白白逛豪宅"的视频号主页

一般来说，视频号创作者可以从三个方向来让视频号实现逆向化，如

表2-2所示。

表2-2 视频号实现逆向化的三个方向

方向	内容	举例
逆思维	通过逆转习惯性思维获得差异化标签	超级黑暗料理研究者
逆传统	通过逆转传统获得差异化标签	西式烹饪法做家常菜
逆身份	通过有别于大众的特殊身份获得差异化标签	学渣看世界

风格化

视频号想要打造差异化标签，从风格入手简单又有效。有创作者凭借着幽默的游戏解说一炮而红，有创作者凭借着一口鲁味普通话而大受欢迎，有创作者凭借着逼真的二次元装扮而备受瞩目……

"我不是天才"是一位风格非常鲜明的视频号创作者，其不仅因琴棋书画样样精通而声名远扬，且视频中处处搞怪的行为作风，诸如各种奇葩的歇后语、各类让人听了后忍俊不禁的段子等，也为其积累了人气，每一条视频都会吸引大批用户围观。

对此，视频号可以从三个方向来强化自身风格，做出差异化，如表2-3所示。

表2-3 视频号打造风格化的方向

方向	内容	举例
打造专属仪式	通过打造专属的仪式，打造特殊的风格印记，提高自身在用户眼中的辨识度	在视频开头做才艺展现或者说撩人的开场白
固定展示风格	以有别于大众化的风格向用户传递内容，通过持续输出打造鲜明的风格印记	搞笑、段子式、无厘头、反传统性质的解说语言
强化个人风格	通过塑造鲜明的个人风格，为自身贴上显著的差异化标签，吸引用户关注	蒙面现身、背影示人、二次元装扮等

垂直化

很多时候，只要视频号内容足够垂直化，也能够为视频号打造出显著的差异化标签。因为大多数视频号都存活于行业的"浅水区",对细分领域缺乏相应的探索和研究。在这样的背景下,谁的内容垂直度越高,谁在用户眼中就越与众不同。

比如职场技能类视频号中,很多创作者总想着PPT、PR、AE、PS等通吃,目的是让自己的视频号吸引尽可能多的用户关注,认为这样才能在最短的时间内让自己成为视频号大咖。而你则可专攻一个领域,比如专门分享PPT制作小技巧,只要你的技能足够实用,就能逐渐为自己的视频号打造出差异化的标签。

2.3.2　融入品牌文化

除了个人之外,很多商家和企业也开始在视频号上打造IP,希望通过展现自身有趣、特别的一面,来吸引年轻用户的关注。但是这些商家和企业在和年轻人互动时,往往忽视了自身的品牌调性,喜欢跟风,比如说今天走这种风格,明天再拍另一种风格的视频。但实际上,这种忽视品牌文化调性的打法,即使投入的资源再多,对年轻人的吸引力也没有多大,品牌推广效果更是不尽如人意。

为什么会出现这种事倍功半的结果呢?原因很简单,那就是用户根本就无法在你这里沉淀下来,现实场景是今天你输出的视频好看一点,用户看完觉得很开心,然后点个赞就走掉了,明天用户就忘记你了。这样的引流其实没有多大效果。因此,商家和企业在视频号发布视频时,想要用差异化来吸引用户,就必须结合自身的品牌文化,如此才能让用户有兴趣看,看完才会喜欢上你、记住你。

具体而言,商家和企业可以结合自身品牌文化的特点,从三个方面打造差异化标签,如表2-4所示。

表2-4　品牌文化差异化标签打造的三个方面

方面	内容	举例
品牌调性	商家和企业想要通过品牌向用户传递何种调性，是满满的青春活力还是高贵的身份象征	一家教育机构，某个阶段发布的视频都以"蜕变"为主题
品牌风格	商家和企业的品牌具有哪些鲜明的品牌风格，是擅长讲故事还是说段子，是善于搞笑还是灌"鸡汤"	一家食品企业，每条视频都以搞笑的风格提醒用户关注食品安全
品牌场景	通过再现某类特定的场景，将品牌和场景联系起来，让用户看到这类场景便联想到品牌	某售卖枸杞的厂家的视频号以"考试"场景发布"崛起"系列视频

2.4　用户需要什么就定位什么

视频号定位并非创作者的独角戏，不能创作者自己觉得什么好便将视频号定位成什么，而更多的是用户需要什么就定位什么。只有如此，视频号的人设才是用户喜欢的，内容才是用户需要的，风格才是用户认同的，这样一来，他们才会持续地喜欢视频号、关注视频号、分享视频号、支持视频号。

2.4.1　针对用户需求做定位

视频号"秋叶Word姐"，其关注用户有数十万，其分享的视频号内容是很多职场白领用户的关注重点。"秋叶Word姐"之所以如此受欢迎，是因为其定位非常精准，即针对职场用户提升Word办公技能的需求，以针对性强、操作简单的技能内容快速锚定用户，如图2-11所示。

"秋叶Word姐"针对用户需求输出内容的做法主要表现在两大方面。

其一，针对职场白领用户的需求推出办公技能提升教程。但凡职场人都需要用到Word、PPT等办公软件，虽然很多人在学校也接触过，但大多学到的都是皮毛，而高效的办公技能之于白领用户群体是基本的生存手段。比如你在召开产品报告会时，展示出来的报表惨不忍睹，领导们很可能会因此而质疑你的能力，而客户更是无法相信一个连报表都做不好的人能做好工作。"秋叶Word姐"发现了这一普遍痛点，于是针对这类用户的需求推出了办公技能提升教程，因此大受职场白领用户群体的欢迎。

其二，针对用户想轻松学习的需求强化"10秒速成"。"秋叶Word姐"发现，现在的用户大部分缺乏耐心，很难做到花很长时间专心地去学习一样东西，所以，在不得不学习一些知识技能时，希望所学内容好理解、好操作、能速成。于是，"秋叶Word姐"不断对自己的教学视频进行改善，尽量使得所授方法简单、易学、好操作，让用户可以在10秒内轻松掌握。

图2-11 "秋叶Word姐"的视频号主页截图

可见，只有针对用户的需求做定位，视频号在用户眼中才更有价值、更值得关注。

2.4.2 对用户需求进行拆解

在对用户需求进行拆解时，视频号创作者可以按照以下三个步骤进行。

步骤一，发现需求。只有发现了需求，进而分析需求，创作者才有机会找到目标用户的真实需求。常见的发现用户需求的方法有四种，如图2-12所示。

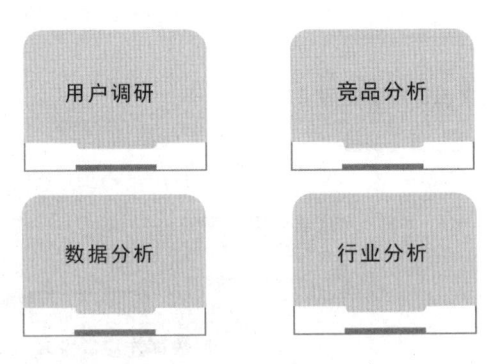

图 2-12 发现用户需求的四种常见方法

步骤二，分析需求。分析需求就是对用户需求先进行分类，再进行聚焦甄别，最后找出最核心的需求。

要完成这一步骤可以利用KANO需求模型进行分析，如表2-5所示。

表2-5 KANO需求模型在视频号需求分析中的应用

需求类型	解读	举例
基础需求	是指视频号能够通过持续的内容输出满足用户的基本需求，通过干货输出提升视频号价值	美食类视频号需要满足的基础需求是用户欣赏美食和学习制作美食的需求
期望需求	是指视频号除了满足用户基础需求之外，能够满足用户的某种期望需求，能够快速提升用户在某一方面的能力	舞蹈类视频号中，用户的基础需求是看舞蹈表演，期望需求是能学到各种舞蹈动作
兴奋需求	是指视频号具备显著的差异属性，能够让用户眼前一亮，能够为用户带来某种愉悦感，让用户心情变得更舒畅	美食类视频号不仅展示各种美食、分享美食的制作方法，还分享美食的文化
反向需求	是指用户不想要的，可是创作者增加了，也许会获利，但是用户会因此而降低对创作者的好感	在视频或直播中插入各种各样的广告等

步骤三，描述需求。完成需求分析之后，视频号创作者需要描述需求，一般可以采取以下三种方法进行，如图2-13所示。

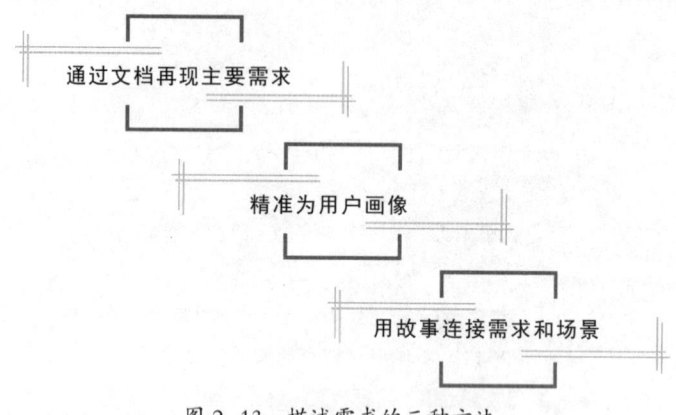

```
通过文档再现主要需求
    精准为用户画像
        用故事连接需求和场景
```

图 2-13 描述需求的三种方法

2.4.3 提出痛点消除方案

痛点是用户尽力避免出现的最坏结果，或者是想努力争取的最好结果。换个说法就是，痛点就是用户想要极力避免或者争取却无力改变的事情。假如视频号创作者能够提出消除痛点的方案，及时帮助用户消除需求痛点，那么，该视频号自然会对用户产生较强的吸引力。

比如爱美的女性群体，她们的痛点是什么？以她们的视角看这个问题，答案显然是"皮肤不够白""五官不够漂亮"，爱美的女性迫切地想要变白、变美丽。假如视频号创作者能够推出"变美"系列美妆短视频，自然能够快速吸引她们，能够成为爱美的女性关注的焦点。再比如，对中学生而言，他们的痛点是什么？是学习不好，每次考试后都被家长唠叨。假如视频号创作者能够站在学生的视角推出"学渣变学霸"系列短视频，以"10分钟掌握函数解题技巧"等形式呈现诸多"学习捷径"，自然会吸引他们的关注。

那么，如何提出痛点消除方案呢？在具体操作时，创作者可以采用"六步法"精准定位并提出痛点消除方案，如图2-14所示。

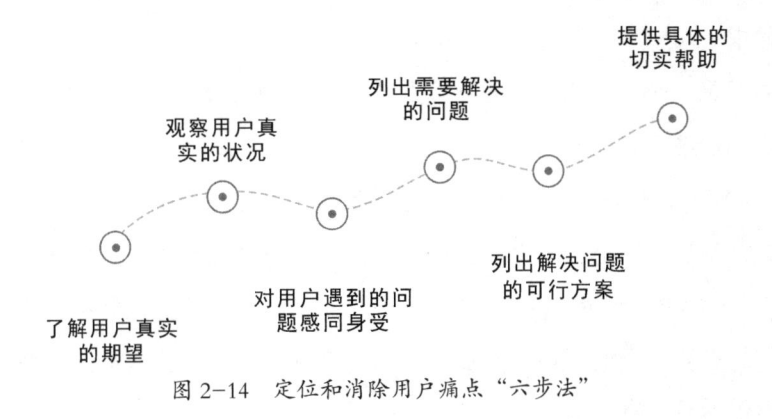

```
   了解用户真实      观察用户真      列出需要解决     提供具体的
      的期望         实的状况        的问题          切实帮助
                  对用户遇到的问           列出解决问题
                  题感同身受              的可行方案
```

图 2-14 定位和消除用户痛点"六步法"

2.5 市场：不做有天花板的领域

在为视频号定位时，想要尽可能做好定位，还需要以市场为导向，不做有天花板的领域。毕竟，每位视频号创作者都想自己的视频号人气爆棚，都希望自己的视频号能够快速成为爆款，假如进入的市场过于狭小，天花板过低，视频号发展的潜力自然就很小，变现起来便很困难。相反，没有天花板的领域才是富有潜力的，在这一领域做出爆款的概率才会无限大，变现起来也会更容易。

2.5.1 学习"查理校长"的市场定位法

截至2021年5月11日，视频号"查理校长"的关注用户数量已经超过了百万，其视频号成为很多家庭学习育儿知识的首选。同是视频号，为什么别的视频号很多都不温不火，而"查理校长"却能获得这么多用户的关注呢？一个十分重要的原因便是"查理校长"选对了市场——中国儿童教育市场。

在当前以及未来很长一段时间内，中国儿童教育市场都是巨大的，没有天花板。其原因有如下三点。

需求

中国是一个人口大国,第七次人口普查数据显示,全国人口中,0~14岁人口为253 383 938人,占总人口的17.95%,同第六次人口普查数据相比,0~14岁人口的比重上升了1.35个百分点。由此可见,中国儿童教育市场没有天花板,俨然是一个巨大的金矿。随着三孩政策以及鼓励生育政策的实施,0~14岁人口的数量还会进一步增加,占总人口的比重也会呈现出逐年增加的态势。因此,虽然在庞大的市场基数下,中国儿童教育市场竞争激烈,但仍然是大有可为。

经济收入

随着居民经济收入的逐年增加,人们的可支配收入也在逐渐增加,用于儿童教育的支出比例也越来越大。在这种背景下,中国儿童教育市场必然会越来越火热,且发展潜力巨大。

理念

随着家长年轻化、学历提升,教育理念也在升级,对儿童教育方面也越来越重视。现如今,"80后""90后"已然成为儿童家长的主流人群,他们不仅追求优质的幼教服务,也有能力与意愿去追求更加优质的教育服务,对视频号这种新事物他们也更容易接受。

2.5.2 结合多种方法做市场分析

市场分析不是一项简单的工作,要得出准确的结果,首先就要熟练掌握各种分析方法,其次是做到将各种分析方法结合起来。下面我们就来介绍几种常见的市场分析方法,运用在实际工作中时它们可以互为补充。

PEST分析法

PEST分析法即从视频号外部宏观角度进行分析。PEST是political(政治)、economic(经济)、society(社会)和technology(科技)这四个英文单词的首字母的缩写。PEST分析法分析的是视频号面临的外部环境,是不受自身控制的方面，如果某个目标领域在这四个方面都呈现出负面态势，那就绝对不要以此为定位。

SWOT分析法

SWOT分析法即从视频号内外部竞争环境和竞争条件的角度来进行分析的方法。SWOT分析法是通过确定视频号自身的优势、劣势、机会和威胁，从而将视频号的发展战略与自身内部资源、外部环境有机地结合起来的一种科学的分析方法。

SWOT分析法模型如图2-15所示。

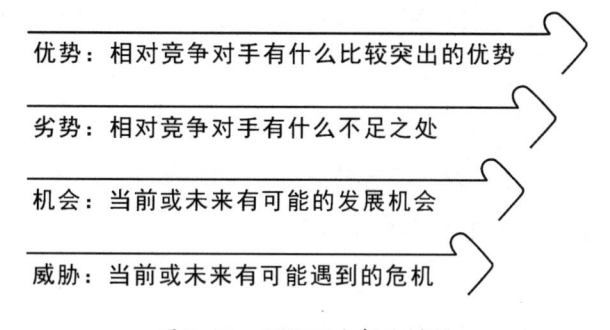

优势：相对竞争对手有什么比较突出的优势

劣势：相对竞争对手有什么不足之处

机会：当前或未来有可能的发展机会

威胁：当前或未来有可能遇到的危机

图2-15 SWOT分析法模型

三四规则矩阵分析法

三四规则矩阵分析法即用于分析一个成熟市场中视频号的竞争地位的方法。在一个稳定的竞争市场中，参与市场竞争的主体通常可以分为三种角色——领先者、参与者、生存者，每种角色的市场影响力不一样，如图2-16所示。视频号创作者要先确定该市场中这三种角色分别有多少，自己能做哪种角色，否则就不要轻易进入。

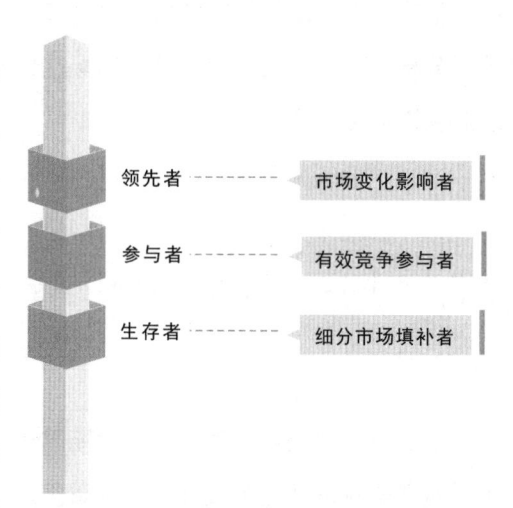

领先者 ---- 市场变化影响者
参与者 ---- 有效竞争参与者
生存者 ---- 细分市场填补者

图2-16 参与市场竞争的三种角色的影响力

2.5.3 分析该领域处于市场生命周期的哪个阶段

一般来说，市场的一个完整的生命周期可以分为四个阶段。

第一阶段：导入。某个行业刚开始发展时，竞争对手少，但是因为发展前景未知所以也存在很大风险，比如当前的无人驾驶领域。围绕这些刚起步的行业，做相关内容的视频号较少，如果该行业未来发展不顺，那么，这些视频号的价值也就不复存在了。

第二阶段：成长。行业发展了一段时间，目前处于向上发展阶段，这个阶段竞争对手最多，关注的用户也多，如果视频号运营得当，那么，成功的机会就比较大，比如当前的5G行业。

第三阶段：成熟。行业用户数量已经基本稳定，不会再有大规模的增加，且行业内已经有龙头，若再做与之相关的视频号，成功机会不大。比如当前的中国传统美食制作领域，有了"李子柒"的存在，后来者很难再超越她。

第四阶段：衰退。行业整体处于衰退阶段，且受经济政策等环境变化影响，很难再进行重整，比如当前的共享经济领域。

分析创作者的目标领域处于市场生命周期的哪个阶段，对视频号的未来发展来说至关重要。

2.6 对手：从竞品身上找定位

定位理论开创者、美国营销战略家杰克·特劳特曾提出："在顾客心智中针对竞争对手确定最具优势的位置，从而使品牌胜出竞争，最终赢得优先选择，这是企业需全力以赴抵达的成果，也是企业赖以存在的唯一理由。"

做视频号其实也是如此，如果不对竞争对手进行分析，确定自己的优势位置，那就很难获得用户的关注与认可，更遑论打败其他竞争对手。

2.6.1 掌握竞品信息

想要做好竞品分析，在确定行业中的潜在竞争目标后，视频号创作者首先需要掌握竞品信息。在此信息的基础上，视频号创作者对竞品才会有一个更加精准的认知。

一般来说，视频号创作者可以从四个渠道收集竞品的信息，如图2-17所示。

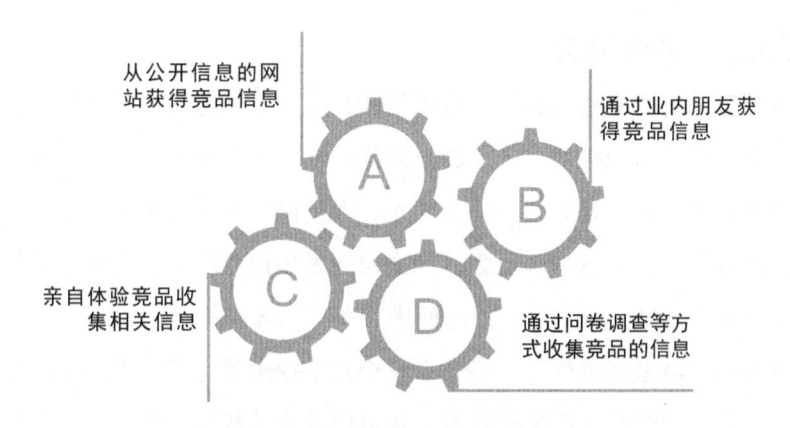

图 2-17 竞品信息收集的四个渠道

2.6.2 发展策略分析

掌握了竞品的相关信息后，视频号创作者便可在此基础上分析并制定出自身的发展策略，因为只有找到竞品火爆的原因，才能更有针对性地做好定位。

一般来说，创作者可以从三个焦点来进行基于竞品的发展策略分析，如表2-6所示。

表2-6 基于竞品的发展策略分析

分析焦点	解读
定位方向	通过分析竞品的定位方向，找出其与自己账号重合和差异的地方，汲取对方定位优势，提高自己账号定位的精准度，提升账号对用户的吸引力
运营策略	分析竞争对手在市场营销和推广方面采取了哪些策略，采取的这些策略取得了哪些成绩，具有哪些显著优势，对用户产生了什么影响
盈利模式	分析竞争对手的盈利模式是什么，在其盈利模式中，哪些模式占据的比例较高、变现速度较快、成本较低、最适合自己

2.6.3 发展潜力分析

分析竞品的发展潜力，不仅可以帮助视频号创作者了解竞争对手的真实实力，而且还可以通过对方未来的发展势头判断该领域的用户群体和整体市场的规模。如果对方是重要的竞争对手，而他的发展潜力很小，那就代表这个行业已经到了饱和状态。反之，如果对方发展潜力巨大，则意味着其所处行业正处于上升期，在未来一段时间内没有什么天花板。

视频号"我是砖家啊"，运营了一个月的视频号之后，发现不管自己怎么努力，用户数量都一直增长缓慢。经过做竞品分析后，该视频号创作者发现同期进入该领域的其他人的粉丝却非常多，短视频点赞量也非常可观。由此，"我是砖家啊"才发现自己还能往上走一走，所以他立即从自身入手，找到了定位和视频内容方面的不足，然后作出了优化调整，之后视频点赞量有了很大的提升，关注用户数量也有了明显的增长。

那么，如何基于竞品进行发展潜力分析呢？一般来说，视频号创作者可以结合自身实际灵活选择运用以下三种方法，如表2-7所示。

表2-7 基于竞品的发展潜力分析方法

分析方法	解读
SWOT分析法	可以帮助创作者清晰地梳理竞品的优劣势,创作者可围绕竞品从优势、劣势、机会、威胁四个维度进行分析和梳理
四象分析法	主要是对竞品的要素、特点、功能、问题四个板块的内容进行深入剖析,看清对方的优缺点,创作者可针对竞品的缺点来加固自身
有无分析法	主要对比内容或功能差异,罗列自己与竞品的内容或功能,具备某项内容或功能时填有,反之填无。创作者可根据分析结果添加内容或功能,但需要分清哪些内容或功能是主要的,哪些是次要的,哪些是不需要的

第 3 章

算法： 懂推荐机制，平台才会爱你

在视频号平台，算法就如同一只看不见的大手，将创作者发布的短视频内容分发到目标用户眼前。可以这样说，用户能看到什么内容，有多大的概率能够看到创作者的内容，都是由算法决定的。因此，创作者需要了解视频号的推荐算法，在此基础上提升视频号内容被平台推荐的力度，才能最大限度地提升视频号内容成为爆款内容的概率。

3.1　不懂算法，内容再好也火不起来

乔布斯曾经这样说："人们不知道想要什么，直到你把它摆在他们面前。"其实自媒体时代的算法也是这样，人们不知道想要看什么，直到算法把它摆在他们面前，这个"它"有可能是你的创作内容，也有可能是别人的创作内容，而摆放的范围和频率则在很大程度上决定了内容在用户眼前的曝光度，决定了其是否能够成为爆款内容。

可见，算法直接决定了内容的曝光度，而曝光度则直接影响到内容成为爆款内容的概率。很多创作者总是想当然地认为视频号看重的是内容，只要内容足够好、足够优质，便会吸引到用户，继而获得足够的流量，快速火起来。其实不然，即使内容再好，如果不能出现在喜欢它们的人眼前，也会被湮没在大量的信息中。

因此，优质的内容还必须被平台算法"看到"，被算法识别，而不是还未被看见就已经被湮没。而各个短视频平台之间的算法也有很大的差别，比如视频号的算法和抖音就完全不同——抖音会根据内容标签将其推荐给可能喜欢它的用户，内容越好，用户互动积极性越高，抖音的推荐力度就越大；视频号则更重视社交推荐，微信通讯录中的好友点赞越多，评论表现越积极，短视频获得的推荐力度就越大。

可以这样说，视频号需要好内容，但好内容不一定能在视频号成功出圈。视频号的本质是私域流量撬动公域流量，优质的内容只有适应其算法要求，才能获得平台的大力推荐，才能尽可能频繁地出现在目标用户眼前，使其成为爆款内容。

3.2 视频号的推荐算法及流量分发流程

既然平台算法决定了内容的曝光度和受欢迎程度，创作者就必须了解它、掌握它、利用它。那么，视频号的算法是什么呢？不同于抖音、快手"智能机器算法决定一切"的内容分发机制，视频号的推荐算法采用了"两条腿走路"的方式，即力求让每个人都能获得展示真实生活的流量资源。

3.2.1 社交推荐和个性化推荐

视频号的推荐算法的最大的特点是以社交推荐为主，以个性化推荐为辅。借助微信这棵超12亿用户的超级流量大树，创作者发布的优质短视频能够借助私域流量快速完成冷启动。

社交推荐

相比于抖音、快手等机器算法为主的分发机制，视频号算法的主体是社交推荐，即以创作者的社交关系网为主要推荐网络的内容分发机制。因此，创作者在运营视频号时，需要重点了解和掌握视频号的社交推荐机制。

具体而言，视频号的社交推荐主要有三类表现，如表3-1所示。

表3-1 视频号社交推荐的三类表现

表现类型	解读	举例
社交关系	以创作者的社交关系网为渠道分发内容，借助好友推动实现内容裂变	创作者发布短视频后，会优先推荐给微信通讯录好友
内容价值	内容越优质，越有价值，算法向好友推荐的力度就越大，好友互动的积极性也越大	当创作者发布的短视频较多时，会优先推荐优质内容

（续表）

表现类型	解读	举例
互动加权	平台会根据创作者好友的互动行为判断其视频内容的价值和受欢迎程度，互动越频繁，意味着内容越有价值，进入更大流量池的机会便越大	好友点赞数越多，评论越热烈，平台给予内容的权重便越高，曝光度便越高

个性化推荐

所谓"个性化推荐"，是指视频号针对用户的喜好有针对性地推荐相应标签内容的内容分发机制。当前，视频号个性化推荐算法主要采用两种推荐方式，如表3-2所示。

表3-2 视频号的个性化推荐方式

推荐方式	解读	举例
兴趣标签	平台会根据用户的日常行为、活动轨迹、兴趣、职业、年龄等标签，给用户推荐其可能喜欢的内容	用户搜索了关键词"美食"，之后平台便向其推荐更多美食类短视频
地理定位	同城或者距离相近的人群会因为地理位置的原因而产生兴趣上的某些交集	将创作者发布的城建类短视频推荐给同城用户

3.2.2 视频号的流量分发流程

视频号的流量分发流程，如表3-3所示。

表3-3 视频号的流量分发流程

流程	内容	解读
一	推荐给好友	创作者发布的短视频，会最先被推荐给关注该视频号的好友用户，假如其不感兴趣，则不会触发视频号的曝光推荐机制，该视频仅获得一次浏览流量，不会进入更高流量池，但未来有可能会被再次推荐

（续表）

流程	内容	解读
二	放入更大流量池	假如创作者发布的短视频内容能够引发好友的关注，吸引他们积极点赞、评论和转发，则会触发推荐机制。当有多位好友共同评论时，内容会进入更大的流量池中，获得更高权重，被平台重点推荐的概率就会更高

这里需要注意的是，虽然视频号的社交推荐环节以熟人社交为基础，但是被推荐后呈现的内容之于用户却是相对陌生的——即用户不知道视频号里面会出现谁，也不知道好友感兴趣的自己感不感兴趣。

基于此，视频号这种以社交推荐为主的内容分发机制，对拥有三种资源（图3-1）的创作者是非常友好的，它能够帮助这类创作者的视频号快速获得流量资源，产生裂变效应，跻身头部账号。

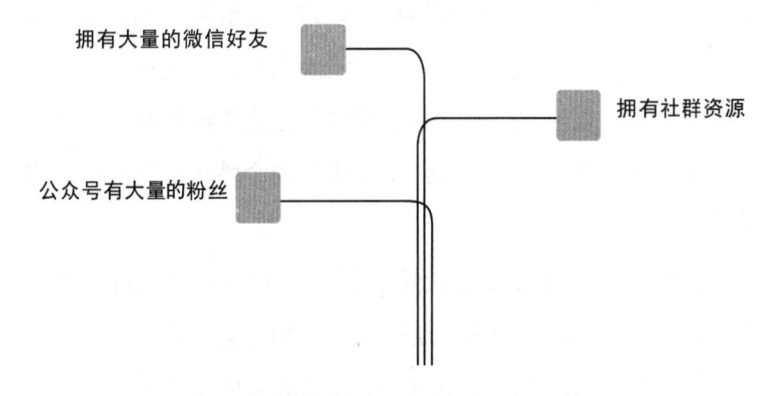

图 3-1　创作者让视频号快速崛起的资源

3.3　引导用户三连击

弄懂了视频号的内容分发机制后，创作者便可以通过有针对性的操作来提升内容权重，继而提升其被算法抓取的概率，获得平台更多的流量资源。那么，创作者如何才能让发布的内容获得更高的权重而被平台推荐算法"另眼相看"呢？一个最简单的方法便是吸引用户三连击——点赞、评论、分享。

3.3.1 点赞多曝光高

点赞数是视频号曝光度的晴雨表——点赞越多，平台将短视频内容推荐给好友的力度就越大，好友看到后继续点赞的概率也就越高，好友的好友看到并点赞的概率自然也更高。如此一来，点赞量高的短视频，自然便会进入一个流量倍增的良性循环，成为爆款内容的概率也会大大提升。

视频号"叮当正能量"，其短视频内容主要定位于"爱国、抗疫、奉献、友情"等社交关系链话题。比如其发布的《西安好消息，这下终于安心了》，因为话题贴近热点、价值观超正，获得了无数用户的点赞。因为表现力强，情感共鸣点多，因而很多用户看后纷纷点赞，"自动"将"叮当正能量"的短视频推荐给自己的好友。更重要的是，点赞数量多，平台在加大社交推荐力度的同时，还提升了"叮当正能量"的个性化标签流量，将其推荐到更多用户眼前。

可见，点赞量多曝光度才高，短视频爆火的概率才更高。用户点赞越多，代表内容之于用户越有价值、越有趣，视频号算法自然会给予短视频更高的权重，将其推荐到更多用户眼前，助力其成为爆款视频。

因此，想要短视频爆火，视频号创作者必须想方设法引导用户来为自己点赞。那么，如何才能提升用户点赞的积极性呢？在具体操作时，创作者可以结合自身条件，从三个方面入手。

邀请好友点赞

根据视频号的内容分发机制，好友点赞后，好友微信通讯录中的好友便会在登录视频号时看到"好友赞过"的提示，吸引他们点击观看。也就是说，只要有一人点赞，他的微信通讯录好友就会收到"好友赞过"的提示。

因此，创作者在发布短视频后，可以在第一时间邀请好友给视频点赞，继而充分利用视频号的社交推荐算法，推动短视频持续产生裂变。

为了最大限度地提升邀请好友点赞的成功率，创作者可以邀请两类好友为短视频内容点赞，如表3-4所示。

表3-4 邀请好友点赞的类型

邀请类型	解读
微信通讯录好友	通过一对一或群发的方式，邀请通讯录好友在第一时间为短视频点赞
社群内好友	邀请某社群中的好友点赞，可通过赠送小礼物的方式刺激他们的积极性

提升内容质量

因为内容质量从根本上决定了短视频能够获得的点赞数的上限，所以，想要快速触发用户的点赞行为，创作者必须提升短视频内容的质量。一方面，创作者需要提升短视频的画面清晰度，保证视频整体播放流畅，给予用户视觉上的完美享受；另一方面，短视频要有干货，要能够满足用户的真实需求。因为内容价值是激发用户点赞的最基本因素，只有高价值内容才会激发用户的点赞欲望，假如内容平平，不能让用户感受到任何价值，试想一下，用户会点赞吗？

一般来说，创作者可以从四个方面来提升短视频内容的质量，如图3-2所示。

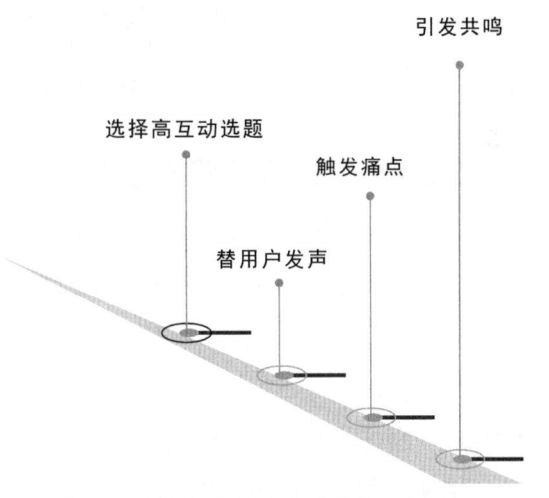

图 3-2 提升短视频内容质量的四个方面

加深代入深度

所谓"代入深度",是指视频号的内容要有足够强烈的参与感和现场感,要能让用户获得愉悦的体验感。比如同样是美食视频,家常菜视频往往比很多名菜视频更受用户欢迎,获得的点赞数更多,一个主要的原因是家常菜视频拥有足够深的代入深度,能够让用户很轻松地掌握做菜技巧。相反,很多名菜视频代入深度往往很浅,比如需要用户准备很多原材料,需要用户掌握一定的刀功和火候,操作流程异常烦琐,使得用户参与感不强。

具体操作时,创作者可以从三个方面加深短视频内容的代入深度,如图3-3所示。

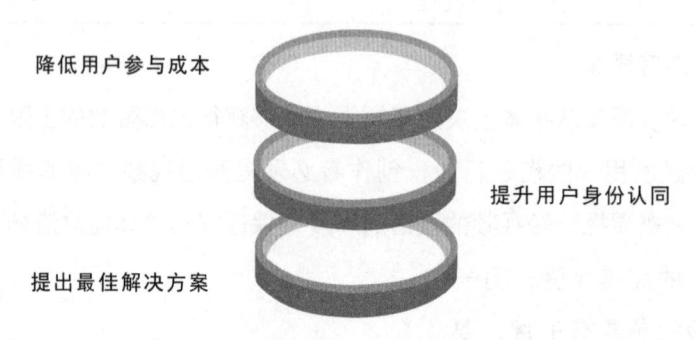

降低用户参与成本

提升用户身份认同

提出最佳解决方案

图3-3 加深短视频代入深度的三个方面

3.3.2 评论多推荐力度大

用户参与感强不强,在很大程度上影响着内容权重的高低——一般情况下,用户参与感越强,互动越积极,平台给予内容的推荐力度就越大;反之,用户对内容没有兴趣,评论寥寥无几,平台对内容的推荐力度便微乎其微。那么,怎么判断用户对内容的参与感强不强呢?一个最精准的判断依据就是评论数量,用户评论数量越多,证明他们的参与感越强。

因此,提升用户评论数量是提升内容权重的有效方法。那么,创作者如何刺激用户尽可能多地留言评论呢?在具体操作时,创作者可以采用以下三种方法。

制造话题

短视频话题性越强,内容越丰富,吸引用户互动的概率就越大,评论数量便越多;相反,短视频缺少话题性,内容单一,对用户的吸引力自然弱,评论数量也就少之又少。

比如,中秋节到了,你想表达大家都要吃月饼这一内容,假如你说"中秋节到了,我们一家子聚在一起吃月饼,好吃",内容表达得平平淡淡,用户会有互动评论的兴趣吗?

那么,如何表达更好一些呢?最好的办法就是制造话题,突出矛盾。可以这样说:"中秋到了,大家聚在一起吃月饼,结果却差点吵起来。我说传统的五仁馅月饼好吃,媳妇却说新式的冰皮月饼更好吃。"如此一来,话题有了,矛盾点有了,用户会围绕传统和新式之争在评论中说出自己的看法,短视频的互动性自然会更强。

结尾提出问题

一般来说,能够将短视频看到末尾的用户,都是对内容比较有兴趣的人,也是最有可能去评论的人。因此,创作者可以在结尾时设置一些有针对性的问题,来刺激用户通过评论表达观点。

在操作过程中需要注意的是,虽然是问题,但也不能设置得太过普通,比如"你有什么看法""你是不是认同"之类的问题很难激发用户评论的积极性。在设置问题时,创作者可以采用两种提问方式提高用户评论的积极性,如表3-5所示。

表3-5 短视频结尾提问的方式

提问方式	解读	举例
选择式提问	在问题中列举两种或多种答案让用户选择,刺激用户支持自己认同的答案	大家喜欢吃老式的五仁馅月饼还是新式的冰皮月饼?
代入式提问	以某一群体代表的身份提出问题,吸引这一群体的用户互动、积极评论	女司机是不是一开车,老公便会成话痨,在旁边喋喋不休?

设置评论悬念

在短视频中设置一个或多个与评论相关的悬念,激发用户的好奇心,吸引他们为寻找答案而积极评论。比如创作者在短视频中说"评论过100,我会告诉大家一个秘密""评论过200,我会送出神秘礼物"等。

另外,为了最大限度地激发用户评论的积极性,创作者在评论区和用户互动时,还需要注意两点。

第一,回复敏感话题的评论要谨慎。在回复容易引起争议的话题时一定要谨慎,需要注意两点:一是不要主动发布可能会引起争议的评论;二是回复负面评论时,先私信与对方沟通。

第二,重点评论优先回复。当评论数量非常大时,最好是先挑选重点评论进行回复,然后再回复其他的评论。重点评论包括以下四种类型,如图3-4所示。

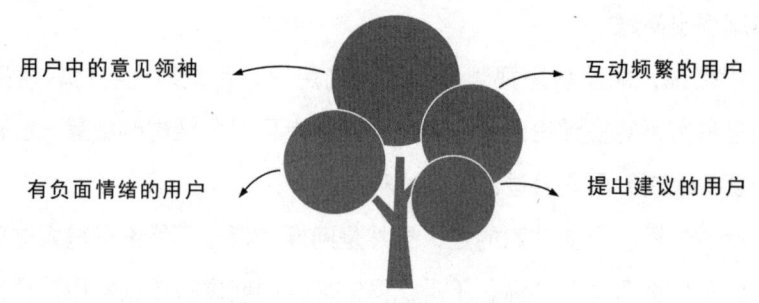

图 3-4 重点评论的四种类型

3.3.3 分享多权重高

分享视频的用户数量是影响内容权重的又一个重要因素——分享视频的用户数量越多,内容裂变速度便越快,意味着该内容在用户眼中越有趣、有用,视频号平台给予的权重便越高,推荐力度就越大。反之,分享视频的用户数量越少,意味着用户对该内容的兴趣越低,反应越平淡,平台算法给予视频的权重就越低,推荐力度就越小。

因此,创作者需要提升内容的分享力,继而快速提升其发布的视频在视频号平台的权重,以获得更大的推荐力度。那么,如何才能提升内容的分享力呢?在具体操作时,创作者可以从以下三个方面提升内容的分享力。

增加可谈论性

创作者可以找一些话题性较强的选题,或者比较有趣、有用的话题,来提升用户的互动性和参与感,继而有效提升用户分享内容的积极性。比如,"提升生活质量的三个小妙招,学会它,你就是女王",这种实用性比较强的内容便很易激发用户的分享行为。

具体而言,创作者可以用以下三种方法提升内容的可谈论性,如表3-6所示。

表3-6 提升内容可谈论性的三种方法

方法	解读	举例
设置争议点	在内容中设置一些有争议的论点,吸引用户参与谈论和积极转发	西北人是全国最爱吃面的?山西人不服气,上面!
打造趣味点	在内容中设置趣味性较强的点,提升用户的观看愉悦性,刺激用户分享	抽纸被他们玩出了花样,变成了鹿、小鸟、袋鼠、猴子等
提升干货量	内容中不仅要有干货,且干货的数量必须要多,这样的内容在用户眼中的价值才大,才值得分享	快速消除啤酒肚的六个健身秘法

发起游戏竞赛

创作者还可以通过在内容中增加游戏互动的方法,来提升内容的可参与性,提高用户的体验满意度,刺激用户做出分享行为。因为在全民娱乐的大背景下,游戏是最佳的娱乐货币,游戏性越强,被用户分享的可能性便越大。

具体而言,创作者可以在短视频中发起如图3-5所示的三种游戏。

打造专属感

视频号创作者还可以通过打造内容标签和提升内容获取权限等方式营造

一种"定制"氛围，继而给予用户强烈的成就感和获得感，刺激他们为了炫耀这种专属身份而持续分享。比如选择针对性强、个性十足的话题，或者创建社区，只为社区里的用户提供内容，这些方式都可以打造出较强的专属感。

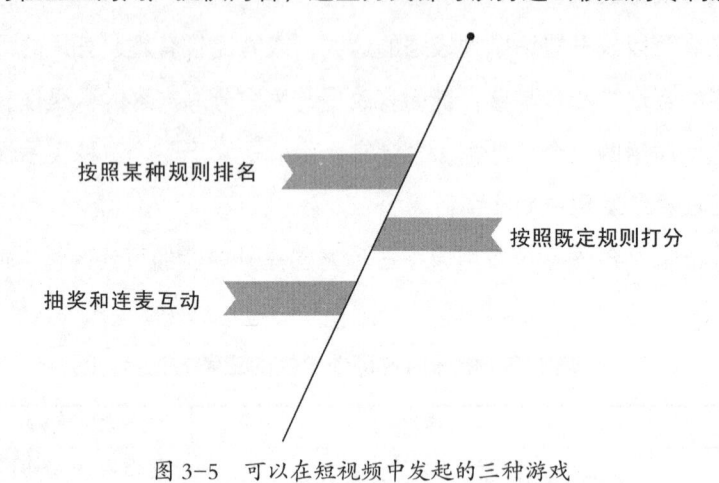

按照某种规则排名

按照既定规则打分

抽奖和连麦互动

图 3-5　可以在短视频中发起的三种游戏

3.4　强化内容标签，方便算法检索

当前，虽然视频号内容分发机制以社交推荐为主，但个性化推荐也是非常重要的一种内容分发机制，这一点从视频号首页专门设置的"推荐"入口便可以感受到。因此，创作者想要提升视频的权重，使其第一时间出现在用户眼前，便需要有针对性地强化内容的标签属性。

3.4.1　标签是算法匹配内容和用户的桥梁

在视频号个性化推荐算法中，标签相当于匹配内容和用户的桥梁——将某一标签内容推荐给具备相同或相似标签属性的用户，让用户一登录便可看到自己喜欢的短视频，继而大大提升用户的观看体验。

视频号个性化推荐算法，一方面会为创作者发布的各种内容贴上各种各样的标签，诸如"美食""钓鱼""美女""城建""火车""公交"等；另一方面则会根据用户在平台上的搜索关键词和观看类型为该用户贴上某一标签，比如你经常看与产品经理、汽车、美食相关内容的短视频，那么，视频号个性化推荐算法便会给你打上产品经理、汽车发烧友、美食爱好者等标签。之后，视频号个性化推荐算法便会根据用户的标签为其推荐具有相同或者相似内容标签的短视频，继而让用户一进入"关注"入口，便可看到自己喜欢类型的短视频。

那么，视频号个性化推荐算法如何为内容贴标签呢？一般情况下，视频号个性化推荐算法会采用三种方法为创作者发布的短视频内容贴标签，如表3-7所示。

表3-7 视频号个性化推荐算法提取标签的方法

提取方法	解读	举例
创作者定位	创作者对自己所做的定位，是视频号个性化推荐算法平台提取内容标签时的重要参考依据	创作者定位认证为"美食博主"，其发布的内容通常会被贴上"美食"标签
提取标题关键字	视频号算法会根据短视频标题中的关键字为其贴标签	标题为"男人拉黑女人是因为有了新欢，女人拉黑男人是因为伤得太深#情感#"，其内容通常会被贴上"情感"标签
提取内容关键词	视频号个性化推荐算法会提取短视频中多次出现的关键词作为内容标签	短视频中多次出现某个旅游胜地，其内容通常会被贴上"旅游"标签

由此可见，内容的标签属性越强，被算法抓取的概率就越大，被推荐给目标用户的力度就相对越大。

3.4.2 强化关键词

所谓"关键词",是指包含关键价值的词语。在信息爆炸时代,人们习惯依靠搜索引擎来搜索自己关注的信息,而关键词则是内容能够被快速、准确地搜索到的关键因素之一。具体到视频号,个性化推荐算法会根据两大判定原则从众多的内容中抓取一些词语作为关键词,将这些关键词和短视频的分类模型进行比对,判断这些关键词和哪一类关键词库中的关键词符合度高,继而为其贴上专属标签并将之推荐给可能对其感兴趣的用户。

视频号个性化推荐算法抓取关键词的两大判定原则,如表3-8所示。

表3-8 视频号个性化推荐算法抓取关键词的判定原则

判定原则	解读
高频词	短视频中出现频率比较高的词会被算法自动抓取,提炼为内容标签。比如介绍如何运营自媒体的短视频,"自媒体""运营""吸粉""数据分析"等词语出现频率较高,这些词语就会成为算法眼中的关键词
类型词	表示短视频内容所属类型的词语,更易于被算法抓取,诸如"美食""美妆""情感"等。个性化推荐算法在进行个性内容推荐时,会将含有某类型词的内容,优先推荐给对这类内容感兴趣的用户

基于此,视频号创作者可以通过强化关键词的方法来提高短视频被算法抓取的概率,继而让视频号获得更高的权重和曝光度。

在具体操作时,视频号创作者可以通过两种方法来强化关键词,如图3-6所示。

标题中插入关键词

内容中反复强化关键词

图3-6 短视频强化关键词的两种方法

3.4.3 添加话题标签

创作者除了可以通过强化关键词的方法来提高内容被算法抓取的概率，从而获得更高权重外，还可以通过添加话题标签以便于平台算法检索，让视频获得更高的曝光度。

具体而言，添加话题标签的好处有三个，如图3-7所示。

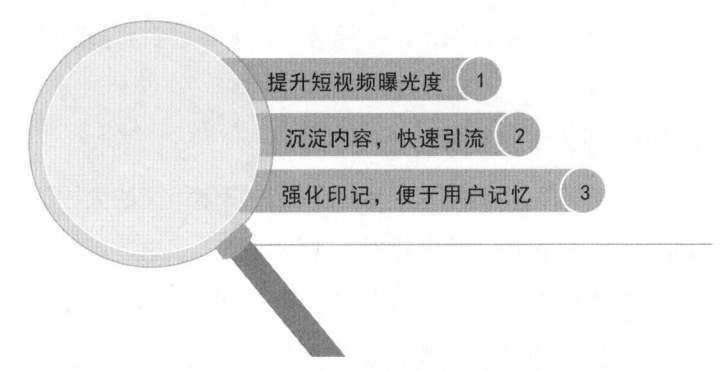

图 3-7 添加话题标签的三大好处

添加话题标签的方法非常简单，创作者拍摄或从相册上传视频后，在添加描述文案框内，点击左下角的"话题"按钮或者通过键盘输入"#"即可，如图3-8所示。

创作者在添加话题标签时，需要注意两个方面。一个方面是要以标点符号或者空格作为一个话题标签的结束，否则后面所有的内容都会被识别为话题标签；另一个方面是视频号支持同时出现多个话题标签。

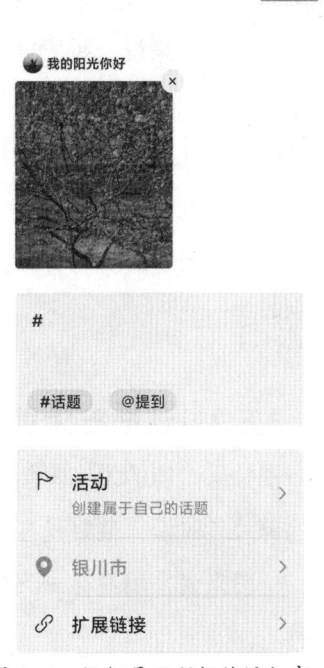

图 3-8 视频号话题标签添加窗口

3.5 在对的时间发布

想要做好视频号内容的发布，除了要摸清平台的审核规范和内容发布技巧外，还需要掌握好发布时间。正所谓"来得早不如来得巧"，时间恰当、时机巧妙往往能够节省大量资源，让视频号内容发布达到超预期的效果。

3.5.1 抓住碎片化时间

所谓"碎片化时间"，是指人们专注于某件事情所需的大段时间之外的时间，诸如睡觉前、早餐前、等地铁时、上下班路上，这些都属于碎片化时间。在当前生活节奏越来越快的大背景下，人们的时间往往会被一件件接踵而至的事情切割得零零碎碎，连续的整块时间越发成为稀缺资源。

人类的大脑天生具有惰性，面对这些支离破碎的时间"边角料"，总是下意识地选择去关注那些轻松愉悦的事情，比如浏览新闻、刷视频、看论坛等。从本质上来说，视频号的运营和推广都建立在占领用户碎片化时间的基础上——谁能快速占领用户的碎片化时间，谁就能获得更多关注，快速提升自身权重，继而获得视频号平台更多的流量支持。

因此，对创作者而言，在视频号上发布内容并非点击一下"发表"按钮那么简单，只有紧紧抓住用户的碎片化时间，才能让短视频出现在尽可能多的用户眼前。

3.5.2 认准五大黄金时段

视频号内容的发布需要契合用户的碎片化时间，争取抓住他们一天中主要的碎片化时间，最好是在用户拿起手机的同时发布内容。

一般来说，用户在一天中会有五个主要的碎片化时间，如表3-9所示。

表3-9 用户的五个主要碎片化时间

碎片化时间	解读
6点到8点	大多数上班族、上学族都会在这个时间段内从睡梦中醒来，第一时间打开视频号查看最新发布的内容，起床吃过早餐，出门上班，在公交车上、地铁上，用户也习惯性地掏出手机刷视频
11点到13点	这个时间段包含午饭和午休时间，人们通常会习惯性地掏出手机看新闻、刷视频。选择在这个时间段内发布视频号内容，内容曝光度自然会较高
15点到17点	很多人在这个时间段内会休息一下，通常会选择用阅读的方式缓解一下疲劳，这个时候发布内容往往会"近水楼台先得月"
17点到19点	这个时间段内，人们往往在下班的公交车上、地铁上，劳累了一天，会选择在手机上刷刷视频放松心情
21点到第二天1点	很多人觉得这个时间段内，人们频繁的活动行为会大大降低，其实不然。在这个时间段，一、二线城市的夜生活才刚刚开始，有熬夜加班的，有出门玩耍的，他们在这个时间段内打开视频号的概率也会大大提升

第 4 章

内容： 满足用户需求才有核心竞争力

视频号要想火起来，内容是根基，是最有效的武器。很多时候，卖点满满的内容可以让视频号掀起一股潮流，捧出一个网红。那么，什么样的内容才可被称为好内容呢？答案很简单，什么样的内容能满足用户的需求，解决用户的痛点，什么样的内容便是好内容，便能够得到用户的青睐，生成核心竞争力。

4.1 满足用户需求的内容价值千金

什么样的内容对用户最有吸引力？答案很简单，有价值的内容。那么，什么内容在用户眼中有价值呢？最重要的一个指标就是能够满足用户的需求——越有助于用户实现某一目的，用户对其便越关注，自然更愿意点击观看。

4.1.1 用户是内容的最终消费者

用户是内容的最终消费者，因此输出用户喜欢的内容，满足他们的需求，是创作者在视频号上的立命之本。比如，一位创作者的主要目标用户是年轻人，但是这位创作者发布的内容几乎都是食疗养生类短视频。结果可想而知，尽管这位创作者花费了大量时间，投入了许多精力，但每期短视频的点击率却低得可怜。出现这种状况的原因很简单，那就是这位创作者输出的内容并未满足年轻人的需求，对他们而言这类内容没有多少价值，因此自然没多少人关注。

具体而言，用户的需求对内容的决定作用主要表现在两个方面，如图4-1所示。

决定内容细分的方向

决定内容选题和价值观

图4-1 用户的需求对内容的决定作用

可见，只有那些可以满足用户需求的内容，才是视频号创作者策划内容时的基础和出发点——目标用户渴望学习知识和技能，提升自身能力，创作者就输出对应的知识和技能；目标用户喜欢看笑料，创作者就输出幽默段子、爆笑剧情；目标用户喜欢看歌舞，创作者就输出精美的歌舞视频……

视频号"黄大维美食"发布的短视频内容就因为能够满足目标用户的需求而大受欢迎。"黄大维美食"针对的目标用户主要是家庭主妇和美食爱好者，这些人不仅喜欢品尝美食，还对如何将原本普通的食材变成色香味俱全的美食非常感兴趣，同时对提升自身的手艺有着强烈的渴望。而"黄大维美食"发布的短视频内容则针对这一类目标用户的需求，聚焦美食烹制流程和技巧，自然大受欢迎，如图4-2所示。

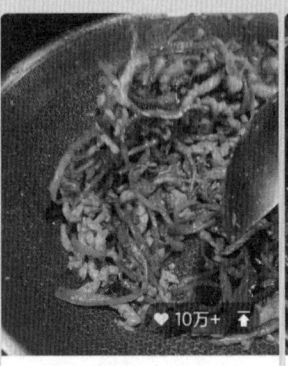

图 4-2 视频号"黄大维美食"的主页

4.1.2 提炼用户真实需求

满足用户需求的前提是明确用户的真实需求,但很多时候,用户表现出来的需求往往流于表面,以至于创作者看到的大多是伪需求。

一般来说,用户需求中存在的问题主要有四个,如表4-1所示。

表4-1 用户需求存在的四个问题

问题	解读	举例
情绪表达	很多时候,用户在某种特殊场景下做出的表述往往只是表达情绪而非表达内心真实的需求	考试考砸了,认为动漫类视频很幼稚,决定以后再也不看了
互相排斥	很多用户的需求在本质上就是相互排斥的,满足了一方面就不能满足另一方面	既想放纵自己,尽情娱乐,又想好好学习,考试有个好成绩
想当然	很多用户潜意识里的需求往往都是想当然的,并非是真正可行的解决方案	学习非常紧张,压力大,想要娱乐,但娱乐却不是真实需求
场景错位	需求场景错位,生搬硬套需求	认为相亲一定要去高档的饭馆

那么,如何才能找到用户的真实需求呢?视频号创作者可以采用三种方法来提炼用户的真实需求,如图4-3所示。

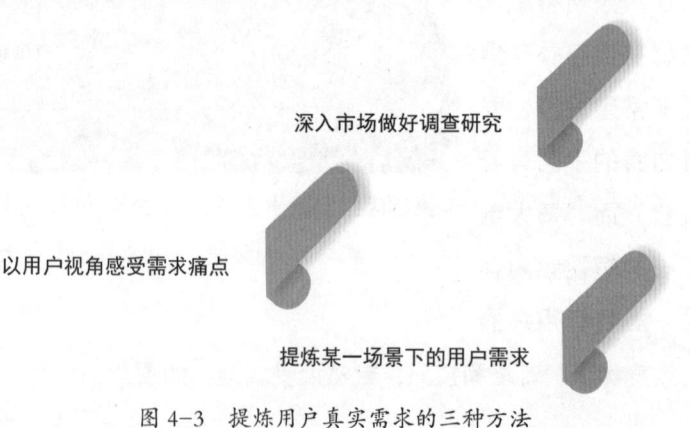

深入市场做好调查研究

以用户视角感受需求痛点

提炼某一场景下的用户需求

图4-3 提炼用户真实需求的三种方法

4.1.3 确定满足用户需求的逻辑框架

排除了伪需求、确定了真需求之后，视频号创作者便可针对用户的真实需求创作短视频了。在大多数情况下，用户对短视频能否产生兴趣，取决于其是否对自己有用，也就是其能否满足自身需求。简而言之，视频号创作者发布的短视频能否吸引用户，最根本的因素是能否满足用户需求。

那么，什么样的内容才能满足用户的需求呢？视频号创作者在策划内容时，需要遵循以下逻辑框架。

第一，确定用户的哪些需求是必须满足的。判断一个目标用户群体表现出来的需求是否要被满足，创作者需要从五个方面来考量。

（1）这一需求是否是大多数用户的需求？这一需求是否高频？是否紧急？是否刚性？假如这一需求具有较强的统一性，是目标用户群体的刚性需求、痛点需求，则可考虑生产内容来给予满足。

（2）目标用户表现出来的需求是否契合创作者的定位？比如，用户某一时段表现出来的需求是美食，而创作者的定位是教育，那么这一需求便不契合该创作者的定位。

（3）其他同类型创作者对这个需求的反馈如何？是不是大家都在做，并且在积极地做，假如有些视频号创作者没有做，那么，他们的顾虑是什么？

（4）为了满足这一需求，投入产出比是多少？得到的回报是否能平衡或大于创作者去满足这项需求所付出的成本？

（5）创作者是否有能力去满足这个需求？

第二，打造内容核心点满足大部分用户需求。要知道，每个人的需求都是不同的，每种需求的群体的规模也是不同的，视频号创作者想要获得较高的关注度，首先需要解决的就是打造适合大部分用户的内容核心点。

比如，定位在教育行业的创作者，其目标用户是职场白领，内容核心点可以设为"高情商说话""和领导高效互动"等，因为这些需求是职场白领的普遍需求，是刚性需求，也是痛点需求。

第三，不断创新，跟上用户的需求变化。用户的需求不是一成不变的，很可能的情况是今天有这个需求，明天又没有了，或者又产生了新的需求。因此，创作者在策划内容时要跟上用户需求的变化，不断创造新的内容去满足用户的需求，持续提升他们的观看体验。

4.2 满足用户好奇心的需求

人类的很多探索行为都源于强烈的好奇心，用户之所以在视频号上冲浪，好奇心就是最强的动力之一。因此，用户对内容的好奇心越强，他们点击观看的意愿就越强烈；反之，对内容缺乏了解的欲望，自然不会点击观看。所以，打造优质的短视频的一个方向便是打造能够满足用户好奇心的需求的短视频。

4.2.1 打造吸睛标题

一个好的标题，不仅便于视频号推荐算法在第一时间抓取，将内容推荐给感兴趣的用户，而且还能大大激发用户的好奇心，最大限度地提高他们观看视频的兴趣。因此，创作者需要高度重视如何打造足够吸睛的标题这个问题。

那么，如何打造足够吸睛的标题继而最大限度地激发用户的好奇心呢？在拟定标题时，创作者可以根据短视频内容，灵活选择运用下面五种标题拟定方法。

制造悬念

所谓"制造悬念"，是指创作者针对内容的时间、地点、原因、解决方案等要素，在表达上进行隐匿，继而激发用户强烈的好奇心和探索欲望。

具体隐匿要素如图4-4所示。

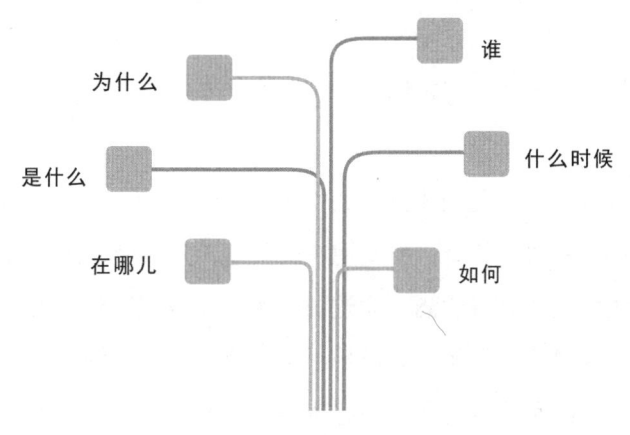

图 4-4 悬念标题隐匿要素

设置悬念最简单的一种方法是在标题中提出问题却不给出答案，用户如果想要知晓答案，只能点击观看短视频自己去寻找。比如《夫妻之间有多少不能对外说的秘密？看完之后你就明白了》。

设问自答

创作者设定的标题可以是一个设问句，即提出一个令目标用户感兴趣的问题，诸如争议点、情绪点、社会热点等。设问自答类型的标题通常以发问的方式展开，以给出解决方案结束，让用户一看就知道自己能够通过观看短视频获得什么价值，继而大大激发用户观看短视频的好奇心。

比如，你要发布一条阐述自媒体内容运营技巧的短视频，标题可以这样拟定：《自媒体内容运营到底运营的是什么？短短30秒钟告诉你关于内容生产、推广、互动的核心方法论》。这种设问自答类标题，直接将短视频的价值展示在了用户眼前，自然会大大激发想要学习自媒体内容运营技巧的用户的好奇心，刺激他们进行点击观看。

常识反差

"常识反差"，顾名思义，是指创作者在标题中通过描述反常识的但又确实存在或者是正确的事情,激发用户的好奇心,吸引用户关注。

比如《只因做对3件事,新人入职场1年晋升副总经理!》,一个新人仅仅用了1年时间便晋升为副总经理,虽然从字面看上去违反常识,但却存在着一定的可能性,而这个可能性的存在便成了促使用户点击观看的引爆点。

场景刻画

创作者可以通过标题描述具体的生活和工作场景,通过揭示一些普遍的痛点,刺激用户的关注欲望,引发用户的共情,大大增强其代入感。

比如《酒场上向领导敬酒,说这三句话,领导越听越喜欢!》,在酒场向领导敬酒,这是很多职场人都经历过的场景,通过再现熟悉的场景,碰触用户的痛点,可以有效激发用户的好奇心,继而大大提高短视频的点击率。

权威背书

创作者在标题中通过权威背书,可以刺激用户进一步探索权威推荐的内容,进一步了解短视频内容。另外,标题拟定得越有权威性,在用户眼中的可信度就越高,越值得用户点赞和分享,越有利于内容的裂变。

比如《打开率50%,李佳琦点赞,5点打造最带货的号!》,通过强调李佳琦点赞,刺激用户的好奇心和探索欲,必然会大大提升用户点击观看短视频的积极性。

4.2.2 抛出新意话题

除了利用标题来刺激用户的好奇心外,创作者还可以选择利用新意话题来激发用户的好奇心,吸引用户点击观看短视频。

植入高互动话题

创作者在策划内容时,为了最大限度地吸引用户眼球,增强他们的参与感,可以植入高互动话题。

一般情况下,高互动话题具有三大基因,即定位大众人群、突出矛盾问题和切入核心利益,如表4-2所示。

表4-2　高互动话题具有的三大基因

话题基因	解读	举例
定位大众人群	内容中的话题应是大众性的，假如过于小众，则很难实现大范围引爆	美妆内容，"美白""遮瑕""变脸"等话题比较大众
突出矛盾问题	话题应具有一定的矛盾性，有冲突，才能吸引用户眼球，增强用户的参与感	夫妻只能同甜蜜，不能同患难？未必！
切入核心利益	话题应和目标用户相关，能够让用户知道参与后自身能获得何种利益	几万、几十万、几百万人运营视频号，凭什么只有他们能火？

新视角+新观点

这里说的新意话题，并非一定要找与众不同的或者是别人不曾说过的话题，它可以是站在一个新的视角去解读，也可以是对某个热点阐述新观点。

（1）新视角。站在一个新的视角，抛出创意话题，这样的短视频内容往往易于吸引用户关注。比如，创作者专注于电影、电视剧解读，电视剧《欢乐颂》播出后，很多人都在讨论剧中人物小包总和奇点谁更适合安迪，这个时候创作者可以换一个视角，从"小包总和奇点，安迪更喜欢谁"这个视角切入，由于视角新颖，同样可以快速聚集人气。

（2）新观点。创作者在短视频中抛出的观点要新鲜、有趣、有料，要有自己独特的分析，不能老生常谈、人云亦云，否则用户点击之后会立即离开。比如创作者想在短视频中谈一谈女性皮肤保养的话题，大家都知道要早睡早起，假如创作者提出的观点再以这个为主，便没有什么吸引力了。创作者可以抛出"运动可以让皮肤更细腻"的观点，可以陈列通过运动改善皮肤弹性、纹理的科学依据，以此来吸引用户眼球。

4.2.3 制造强力趣味点

视频号上的短视频数以万计,你的短视频如何才能杀出重围,获得用户关注呢?一个简单又有效的方法便是制造强力趣味点。特别是在当今这个娱乐至上的时代,"超级有趣"本身就意味着具有超高的关注度和曝光度,更有可能让你的内容成为爆款内容。

奇趣

人人都有好奇心,都对未知的事物充满了探索欲。基于人们的这种心理,短视频创作者可以在内容上主打"奇趣",带领大家体验各种新奇事物,探索各种未知领域,从而满足用户的好奇心,快速提升人气。比如,研究各种水果的新奇吃法,探索各种昆虫的习性,展现各地的风土人情,等等。这些都能快速吸引用户的关注,收获大批粉丝。

视频号"美食君"发布的短视频内容便充满了奇趣,该创作者善于在烹饪过程中添加各类水果,探索各种个性美食的做法。比如在一条"山楂排骨"的短视频中,"美食君"便为大家介绍了一种充满奇趣色彩的"山楂排骨"的做法,山楂和排骨的结合,冲撞出独特的味蕾感受,做法新奇有趣,视觉冲击力强,让这条短视频快速成为爆款短视频,如图4-5所示。

图 4-5 视频号"美食君"发布的"山楂排骨"短视频截图

野趣

现代都市人的生活和工作的节奏越来越快,每日身处高楼大厦之中,对田野山林非常向往。因此,富于野趣的短视频往往能够快速地吸引大家的关注,获得可观的流量。

抓鱼、捉虾、赶海、野外探奇,这些富有野趣的短视频往往会引发都市人无穷无尽的好奇,勾起他们对大自然的向往之情。尤其是大自然中充满野趣的惊奇发现,更能够引发人们的广泛关注。因而,这类充满野趣的短视频具有很强的代入感,能够快速吸引人们关注,聚集人气。

乐趣

那些充满乐趣的短视频,永远都是用户关注的焦点。谁创作的短视频的乐趣多,用户就支持谁、喜欢谁,分享、推荐、转发谁的短视频。因此,视频号创作者需要在内容上聚焦乐趣,传递乐趣,或能让人微微一笑,或能让人开怀大笑,如此一来,短视频才会更有人气。

具体而言,短视频创作者可以从三个方面来让内容充满乐趣,如图4-6所示。

| 展示生活小欢喜 | 展示工作大成绩 | 展示心灵的升华 |

图4-6 让内容充满乐趣的三个方面

意趣

创作者还应将哲理、经验等立意融入趣味之中,让人看后能够收获某种感悟,在精神上有所升华。这类短视频往往立意高远且有趣,于平淡之中蕴含精彩,让用户看后如同饮用了陈年老酒一般,感觉回味无穷。因此,蕴含意趣的短视频受到用户关注和转发的概率往往都很高。比如"一禅小和尚",其发布的短视频大都聚焦生活中的禅理禅趣,令人看了有种顿悟感,自然备受用户喜欢。

4.3 满足用户自我表达的需求

通常，用户会渴望发出自己的声音，阐述自己对于某个人或某件事的看法。因此，当视频号创作者能够满足用户自我表达的需求时，便会在第一时间吸引目标用户的眼球，刺激他们分享短视频。

4.3.1 为用户代言

满足用户自我表达需求的最简单、有效的方式，便是为用户发声，成为他们的代言人。当某个创作者成为目标用户群体心目中的代言人时，出于关注自身主张和权益等意图，他们自然更愿意主动去点赞、评论和分享。

视频号"爆笑幽默驴"发布的短视频大多是从某一群体的角度出发，通过使用幽默风趣的语言为其发声，吸引目标用户眼球，引发目标用户与创作者的强烈情感共鸣，继而刺激目标用户点赞、分享。

比如其发布的一条名为《女人最大的幸福》的短视频（图4-7），便是为天下所有好男人代言。女人最大的幸福，不是自己多漂亮，而是男人在忙碌时，还能抽空给你回个信息，他知道有个傻女人时时刻刻在牵挂他……这种好男人的内心独白，说出了好男

图4-7 视频号"爆笑幽默驴"发布的短视频截图

人的心声，引发了他们与创作者强烈的情感共鸣，此视频发布3小时后便获得197个点赞，105次分享。

在策划内容时，创作者可以使用三种方法为用户代言，如图4-8所示。

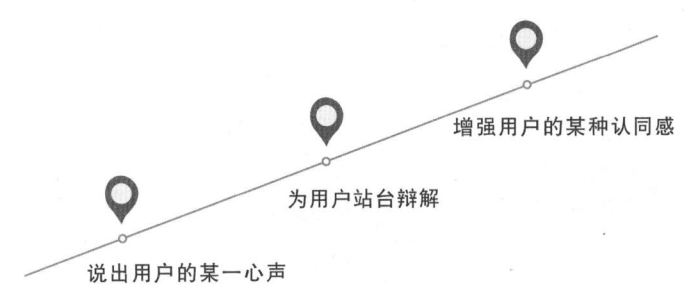

增强用户的某种认同感

为用户站台辩解

说出用户的某一心声

图4-8　为用户代言的三种方法

4.3.2　为用户画图

除了为用户发声外，视频号创作者还可以通过为用户画图的方式来满足他们自我表达的需求，吸引他们关注短视频。所谓的"画图"，是指创作者通过描绘未来蓝图、勾勒美丽前景的方式，帮助用户持续获得更加强大的生活和工作动力。

视频号"李筱懿"每天都会为女孩讲一个故事，在每个故事里都会为女孩子们勾勒出一个美好的未来世界，为女孩子们注入强大的人生动力。因为蓝图画得好，能够给予用户强大的精神能量，因此备受用户喜爱。

比如在《不给自己设限，一切皆有可能》这条短视频（图4-9）中，"李筱懿"便为女孩们勾勒出了一幅"万事皆有可

图4-9　视频号"李筱懿"发布的短视频截图

能"的美好图画:"人生其实原本就没有边界,只要敢于想象、勇于实践,便会梦想成真!"截至2022年1月,这种勾画美好的蓝图,具有满满的正能量的视频,吸引了9.5万用户点赞,被转发3.5万次。

短视频创作者可以试着从三个切入点为用户画图,如图4-10所示。

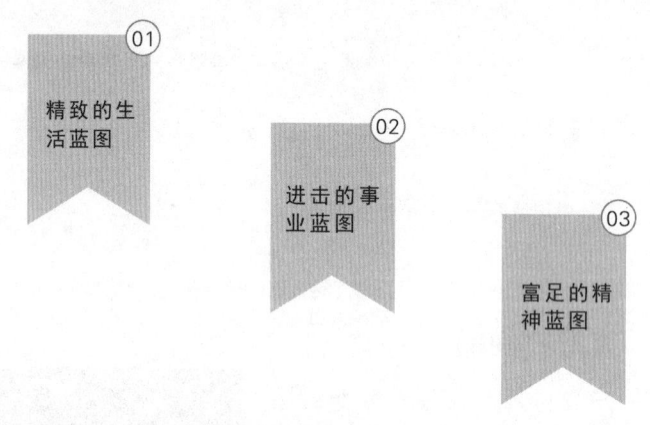

01 精致的生活蓝图

02 进击的事业蓝图

03 富足的精神蓝图

图4-10 为用户画图的三个切入点

4.4 满足用户身份认同的需求

在生活和工作中,有很多人往往会因为有了某种身份而感到幸福。同样的道理,当创作者能够聚焦于某一身份的用户群体,来满足他们对身份认同的需求时,他们对短视频的内容便会更关注、更认同、更喜欢。因此,在对短视频内容进行策划时,创作者需要考虑如何满足用户身份认同的需求。

4.4.1 肯定用户身份

在生活和工作中,每个人都有自己的身份标签,在家是父母、丈夫、妻子、儿女,在单位是领导、职员,在社会上可以是快递员、教师、理发师、工程师、警察、医生、环卫工人,等等。当创作者在视频内容中肯定了某种身份标签，或者是为某一身份的群体发声时，往往会让拥有相同身份标签的用户产生强烈的代入感和认同感，继而刺激他们关注、参与、分享。

视频号"勇哥和雪儿夫妇"所发布的短视频，在内容上有一个共同点——身份认同感极强，通过对爸爸、妈妈和女儿三种身份的极致演绎，制造出爆笑而又引人深思的效果。

比如"勇哥和雪儿夫妇"在发布的短视频《闺女太厉害了》中，就是通过极致挖掘"女儿是妈妈的小棉袄"这一身份，利用女儿将挑剔伙食不好的爸爸骗出门外的故事，收获了妈妈们的一片叫好声。截至2022年1月，这条短视频也因此吸引用户留下了586条评论，收获了4.7万个点赞，被分享6993次，如图4-11所示。

图4-11 视频号"勇哥和雪儿夫妇"发布的短视频截图

通常情况下，在视频内容中肯定用户身份，主要有三大作用，如图4-12所示。

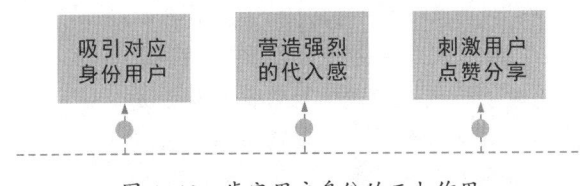

图4-12 肯定用户身份的三大作用

4.4.2 强化用户的身份标签

有位创作者发布了一条关于丈夫的短视频,这条短视频在视频号上火了很久。她的丈夫是一名钓鱼爱好者,有一次丈夫出去钓鱼时家里的厨房起火了,她便打电话给丈夫,没想到等了大半天丈夫还没回家。她只好一个人在家灭火,安抚小孩,清理厨房。一直到了晚上10点多钟,丈夫才从外面回来,看到已经清理了一遍的厨房,轻描淡写地说了句:"这烧得并不严重啊!"看着丈夫手里拎着的几条鱼,听着丈夫漫不经心的话,她瞬间感到心如死灰。

这条短视频之所以能够火起来,引发用户争相评论和分享,除了因为事件本身具有极强的写实性之外,还有一个最重要的因素,就是创作者唤醒了用户对"丈夫"这一身份的认识——丈夫应该是家庭的顶梁柱,是妻子的保护神。而这位爱好钓鱼的丈夫的行为表现,显然与丈夫这一身份不够匹配,这种强烈的反差,自然会大大刺激用户积极参与互动。

可见,强化用户的身份标签,可以增强用户的参与感,有效提升视频内容的吸引力。那么,在策划内容时,创作者如何强化用户的身份标签呢?针对某一身份,创作者可以灵活采用三种方法来进行强化,如表4-3所示。

表4-3 强化用户的身份标签的三种方法

强化方法	解读	举例
强化身份含义	明白特定身份本身意味着什么,然后通过强化身份的含义,引发用户更广泛的认可	作为一名父亲,身有千斤担,再苦再累,也要负重前行
强化身份责任	明确身份本身代表何种责任,需要付出何种代价,强化后更易引发用户共鸣	作为一名医生,驻守在机场防疫一线,三个月没回家了
强化身份成就	有些身份代表的是某种社会地位或是行业成就,创作者可以通过强化身份成就来吸引用户关注、点赞和分享	一位戍边英雄,做出了保家卫国的壮举,给予再丰厚的物质回报都不为过

4.5 满足用户社交分享的需求

人们之所以选择在视频号上冲浪，除了寻求自我表达、满足好奇心之外，还在很大程度上受社交分享的驱动——渴望认识更多的朋友，渴望通过分享特定内容来提升和体现自身在亲友心目中的形象和价值，彰显自身的认知水平和生活品位。因此，视频号创作者应重视并满足用户社交分享的需求。

4.5.1 模仿热门，跟随热点

热门话题或事件往往自带流量，天生便具有吸引用户关注的属性。在短视频中策划有热点的内容，不仅能够大大提升短视频对用户的吸引力，还能大大激发用户出于社交目的的分享行为。因此，视频号创作者在策划内容满足用户的社交分享需求时，选择蹭热点的内容是一个不错的选择。

一般而言，热点可以分为三种类型，如表4-4所示。

表4-4 热点类型

类型	解读	举例
常规型热点	主要指一些比较常见的热门话题或者事件，通常话题性和期待性较高	奥运会、高考、情人节、中秋节、五一、十一等特定事件或时间节点
突发型热点	指不可预测的突发事件，这类热点往往出现得比较突然，令人意想不到	社会事件、自然灾害、八卦娱乐新闻等
预判型热点	判断某些事件会成为热点，不过往往还未发生或已经发生但还未引发广泛关注	一部即将上映的电影，通过分析其故事情节，预测其会成为热点

视频号创作者在策划内容时，可以根据自身行业定位等，灵活选择相应

类型的热点内容。应注意所选热点内容只有是正能量的且和自身定位相符，才能获得平台的大力推荐，从而在第一时间吸引用户关注。

具体而言，视频号创作者可以通过三种方式蹭热点，如图4-13所示。

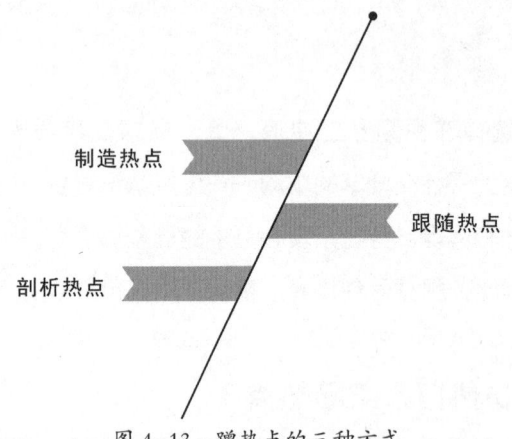

图4-13 蹭热点的三种方式

4.5.2 技能传授，分享价值

在社交过程中，人们往往会习惯性地将自己感觉有价值的内容分享给对方，一方面是为了分享价值，彰显自身友善；另一方面是为了显示自身品位，提升自身在亲朋好友心目中的形象。因此，短视频内容中干货越多、技能性越强，在用户眼中的价值就越高，用户分享内容的积极性就越高。

视频号"技能姐"发布的内容都立足于"分享技能让生活变得更加美好"这一定位，通过分享生活中的小小技能，为用户提供更高效的问题解决方案，继而帮助用户提升生活品质，因此她每次发布的视频都非常有热度。

比如"技能姐"发布的视频《领口太低的处理方法》，聚焦用户的穿衣痛点，分享创意改造方案，帮助大家快速改造服装。由于"技能姐"分享的领口改造方法成本低、操作简单、创意十足，因此备受用户喜爱。截至2022年1月，此视频不管是点赞数还是分享数都超过了10万，如图4-14所示。

图 4-14 视频号"技能姐"发布的技巧类短视频截图

在策划内容时,视频号可以通过分享四种技能,来提升其内容在用户眼中的价值,如表4-5所示。

表4-5 视频号可分享的四种技能

类型	解读	举例
美食类	通过展示美食制作步骤和分享美食烹饪技巧来吸引用户眼球	每日发布一条家常菜制作视频,分享选材、烹饪技巧
职场工作类	主要展示和分享职场中所需的工作类技能,以高效、实用为主要吸睛点	每周发布一条PPT制作流程视频,介绍解决各种问题的技巧
生活技巧类	通过展示生活痛点和解决技巧,来吸引用户关注,赋予内容强大的吸引力	分享如何高效疏通水管、马桶等技巧,为用户提供解决方案

（续表）

类型	解读	举例
兴趣类	通过展示各类兴趣中的技能和技巧，为用户提供问题解决方案，吸引用户关注	分享钓鱼技巧，分享跑步技术，分享安全驾驶山地车的动作要点，等等

4.5.3 幽默诙谐，博君一笑

人人都喜欢娱乐，喜欢在闲暇的时候笑一笑，喜欢在繁忙的工作之余"偷得半日闲"。更重要的一点是，搞笑内容具备很广的覆盖范围，基本能做到男女老少全盘俘获。因此，当视频号创作者自身具备较强的搞笑天赋时，可以通过强化输出内容的搞笑力，提升自身对用户的吸引力，让用户在第一时间关注创作者、喜欢创作者、爱上创作者。

搞笑类短视频内容主要包括四种类型，如表4-6所示。

表4-6 搞笑类短视频内容的四种类型

类型	解读	举例
讲笑话	通过说相声、讲故事等形式，依靠语言、动作、情节等来营造爆笑场景	短视频创作者模仿某一知名相声演员，为大家讲笑话
冒傻气	通过自嘲、自损等方式演绎种种"傻"，继而营造超强娱乐氛围	到了高铁站，竟然不知道如何刷身份证上车，用各种"傻"想法测试
搞笑情节剧	采用剧情演绎的形式，通过人物造型、语言、动作、情节等，带给用户丰富且持久的快乐	设计一部相亲短剧，通过男女双方衣着、性格、习惯上的碰撞来营造娱乐剧情
失误	通过一次或多次"失误"营造一个或多个爆笑场景，带给用户爆笑体验	不小心被绊了一下，失手将蛋糕扣在了爸爸的脸上

视频号"波波脱口秀"发布的短视频内容便非常具有搞笑力,这是其赢得用户关注的根本竞争力。"波波脱口秀"发布的搞笑短视频创意十足,和日常生活息息相关,能够让用户在爆笑之余收获某种人生感悟。

比如在短视频《为什么男女吵架男人不说话?》中,创作者便幽默风趣地将男人在吵架中保持沉默的原因呈现在了用户眼前:因为你根本没法和女人讲道理,讲了她又不听,听了她又不做,做了她还很可能做错,错了她还不改,然后她还说你凶她,然后你还得给她道歉,然后当你真的道歉了,她就真的以为你做错了,还会问你错哪了?你说你错在哪儿了?你错就错在你不该说话!

因为这条短视频用寥寥数语就幽默地将男人的无奈淋漓尽致地展现了出来,所以引发了用户广泛的情感共鸣。截至2022年1月,此视频获赞3.2万个,被分享2.7万次,如图4-15所示。

图 4-15 视频号"波波脱口秀"发布的人气短视频截图

4.5.4 治愈输出，温暖心灵

内容本身具备的"治愈力"，是指通过内容能够让用户甩掉负能量，能够让用户的内心变得阳光明媚。每个人都难免会有不开心的时候，会有遇到挫折的时候，而具有治愈力的内容则自带"治疗""鼓励"属性，所以很容易带给用户温暖和力量，从而赢得他们的好感、关注、点赞和分享。

视频号"刘迎春-心理咨询师"，致力于通过短视频分享传递心灵能量，帮助成长中的孩子和背负生活工作重担前行的成人减压，引导他们向前看。因为内容针对性强、方法实用、语言平实幽默、讲述富有情感温度，因此她的短视频深受用户喜爱。

一般来说，具有治愈力的内容可以划分为四种类型，如表4-7所示。

表4-7 具有治愈力的内容的四种类型

类型	解读	举例
萌化类	通过萌宠、卖萌等帮助用户驱赶负能量，带给用户满心的温暖和欢乐，吸引他们评论、点赞和分享	比如创作者和猫咪通过彼此之间的眼神互动，瞬间了解了彼此的想法，这种视频内容便具备很强的治愈力
正能量类	通过再现社会中的正能量场景，为用户内心注入温暖，赢得用户的好感	创作者以视频的形式再现"全城寻耳"热点，吸引用户关注
励志类	通过再现自己或他人与挫折、困难斗争并最终成功的故事，为用户内心注入温暖与正能量	拍摄"北漂一族生根记"，通过讲述北漂族的励志故事为用户注入正能量
治愈类	通过正面解读，帮助用户解除心灵压力，获得更加强烈的前进动力	针对婚姻生活推出系列短视频，帮助夫妻双方正确应对婚姻问题

4.6 满足用户消除痛点的需求

在进行内容创作时,视频号创作者要具备痛点思维,即要能想用户之所想,急用户之所急,满足用户最迫切的需求,帮助用户变得更好,从而体现出其人生和社会价值。如此一来,创作者的内容在用户眼中才是最有价值的,视频才是用户认为最值得关注和点赞的。

4.6.1 找到用户痛点

毕业于某名牌大学的小植,在视频号上发布的第一条短视频并没有激起多大的水花,播放量不过百,评论数量也只有个位数。经过调查,小植发现视频号上的用户,除了最常见的"消遣族"外,还存在着"知识饥渴族",这部分群体希望可以在视频号上学习到更多的生活技巧和工作技能,继而提升自身的生活品质和工作能力。

于是,小植便将目标用户重新定位为"知识饥渴族",他认为现在有很多初入职场的年轻人都急于提高自身在办公软件应用方面的能力,但因为受时间、精力等条件限制,迟迟无法得偿所愿,久而久之就成了痛点。针对用户这一需求痛点创作出来的内容必然更受关注。因此,小植在短视频中为大家呈现了PPT、PS等各种办公软件应用的小技巧,因其操作简单,内容实用,关注他的人也越来越多。

可见,谁能触达用户的痛点,谁便能成为用户关注的焦点,继而最大限度地提高自身在用户眼中的价值,在激烈的竞争中快速成长起来。

通常,用户的痛点需求具备三大特征,如图4-16所示。

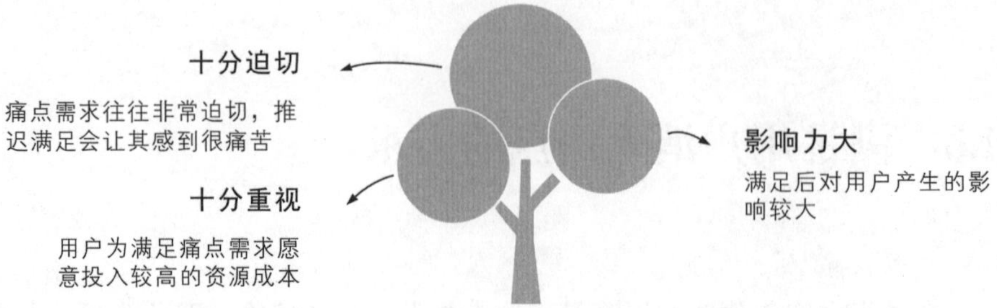

十分迫切
痛点需求往往非常迫切，推迟满足会让其感到很痛苦

影响力大
满足后对用户产生的影响较大

十分重视
用户为满足痛点需求愿意投入较高的资源成本

图 4-16 用户的痛点需求具备的三大特征

既然触达用户痛点对内容有着如此大的作用，那么，短视频创作者如何寻找用户的痛点呢？具体而言，创作者可以结合自身实际，通过三种方法来寻找用户痛点，如表 4-8 所示。

表 4-8 寻找用户痛点的三种方法

方法	解读	举例
视角互换法	站在用户视角而非创作者视角，分析他们迫切的需求，更容易找到痛点	美食博主以白领视角看美食内容，推出便携式午餐系列
调查分析法	通过调查问卷、有奖问答等方式，收集目标用户群体的痛点，找到他们迫切的需求	亲自到白领集中的商务区调查，询问他们的饮食痛点
锚定对手法	由于竞争对手彼此的目标用户相同或相似，因此通过分析竞争对手短视频内容，很容易发现目标用户群体的普遍痛点	分析其他美食博主发布的短视频的内容，找出痛点，对自己创作的短视频的内容进行再加工

4.6.2 引入特定场景

找到用户的痛点，对创作者而言，仅仅意味着有了触达用户的门户，若是想要进一步吸引用户关注、点赞和分享，还需要将痛点放入特定的场景中，以场景放大痛点。场景的引入，能够让内容在用户心中留下更加深刻的印象，继而对内容产生更加强烈的观看渴望。

视频号"柒情馆"比较善于在剖析各类情感时抛出人生哲理,以此拨动用户心弦,引发用户产生强烈的情感共鸣。在剖析情感时,"柒情馆"为了实现最大限度地触达用户的目的,总是将痛点植入特定场景中,借助场景来放大痛点,从而引发用户产生共鸣。

比如在短视频《谈生意就谈生意,别扯上感情》中,该视频的创作者便将对爱情的剖析引入相亲这一特定场景中:昏暗的户外餐桌前,最先出场的是一位女生,她正在询问男生,房子有吗,存款几位数,车子多少钱。之后男生开始询问女生:"你有什么优势?"女生的回答只是:"我年轻漂亮。"

该视频的创作者将"女生只在乎男生有多少钱"这一男生情感痛点置于相亲这一特定场合,通过相亲男女的观点碰撞,引发了用户的情感共鸣。截至2022年1月,该短视频不管是点赞数还是分享数,都超过了10万,如图4-17所示。

图4-17 视频号"柒情馆"发布的短视频截图

既然引入特定场景在触达用户痛点方面有着如此重要的作用,那么,创作者如何为痛点匹配契合的场景呢?创作者在为内容匹配场景时,可以结合自身具体情况,灵活运用下面的三种方法,如表4-9所示。

表4-9 痛点匹配场景的三种方法

匹配方法	解读	举例
放入典型场景	将痛点放入易于强化矛盾的典型场景中，通过场景来放大解决痛点的迫切性，引发用户共鸣	将高彩礼问题引入情侣分手场景中，放大高彩礼带来的危害
放入注意力场景	用户的注意力属于稀缺资源，把痛点置于注意力场景时，能够快速引发用户关注，增强用户的代入感	将美妆和网络上流行的A4腰展示场景结合，触达用户审美痛点
放入兴趣场景	兴趣场景是指用户较为关注的场景，将其和痛点结合，能够显著提高痛点的触达率	将说话技巧和见面打招呼的场景结合起来，触达用户沟通痛点

4.6.3 推出解决方案

找到了目标用户的痛点，引入了特定场景，精准地触达用户后，想低成本引爆人气，提高用户点赞和分享的积极性，引导内容裂变，创作者还需要推出解决方案。

视频号"抖One美食"，善于根据用户的饮食痛点来策划内容，帮助用户吃得轻松、吃得健康，因此其发布的内容深得用户喜爱。比如其发布的短视频《简单几步做营养早餐》便抓住了用户早餐吃不好的痛点（图4-18），提出了自己的解决方案：两个鸡蛋，一根火腿肠，一张面饼，一分钟便可将一份营养早餐吃到嘴里。

这一方案有三个特点。

（1）成本低。不管是鸡蛋、火腿肠还是面饼，成本都比较低，用户很容易就可以

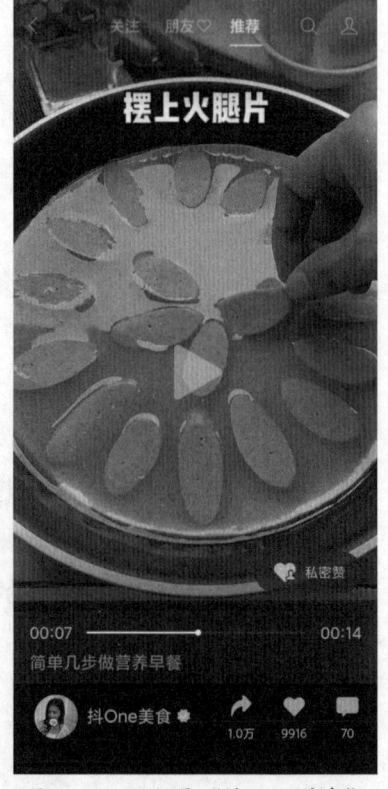

图 4-18 视频号"抖One美食"发布的短视频截图

在超市买到,提前放入冰箱即可。

(2)操作简单。简单的三个步骤即可,不需要太复杂的操作。

(3)营养丰富。不仅吃起来口感好,且营养比较丰富。

视频给出的解决方案必须具备以下三个特点,才能被用户认可和点赞,如表4-10所示。

表4-10　高认可度解决方案的三个特点

特点	解读	举例
可操作性强	解决方案必须具备可操作性,且操作起来要尽可能简单,太复杂了在用户眼中便毫无价值	为什么很多人都跑不动?掌握三个呼吸小窍门,完美解决
成本低	解决方案的实施成本要尽可能低,因为成本越低,用户尝试的积极性越高,便会越认可内容	这三个小秘密,让你动动手便能成功祛除鱼尾纹
效果显著	针对痛点提出的解决方案实施后必须要有显著的效果,这样才能使用户有较强的期待感	掌握这三个妙招,不用节食一个月就能减重十二斤

4.7　掌握品质内容创作模板

对于很多短视频新手创作者而言,如何在一开始便创造出高品质的内容,关系到视频号的推荐量,关系到人气,更关系到视频号品牌的打造速度。那么,如何在一开始便创造出高品质的内容呢?其实方法很简单,高品质内容创作虽然和创作者的天赋和经验有很大关系,但是也存在着固定的模板,新手创作者在创作初期可以按照这些模板来制作内容,便可达到良好的引流效果。

4.7.1 框架模仿法

所谓"框架模仿法",顾名思义,就是通过模仿爆款内容的框架来打造自身内容的方法。框架模仿法一方面可以让视频号新手创作者打开思路,快速打造出高品质内容;另一方面也可让视频号快速积累人气,吸引用户关注,使安然度过危险期的新手,迅速步入品牌成长期的快车道。

比如十一国庆节临近,视频号上再现"放假状态"的视频火了起来。这个时候,创作者可以分析总结那些爆火视频的框架:放假前,爸爸妈妈盼星星盼月亮——放假第一天,爸爸妈妈将孩子视若王子、公主,给好吃的、好喝的,要啥给啥,想吃啥做啥——放假第十天,王子变青蛙,公主变卖火柴的小女孩,不管做什么都是白眼待遇。创作者可以将这个框架代入"寒假结束回校上学"这个主题中:离家前的最后一天,父母敲锣打鼓——离家后第三天,父母嘘寒问暖——离家后的第N天,父母思念绵绵。如此,借助爆款视频的成熟框架,视频号新手创作者完全可以轻松制作出高分享数的内容。

在具体操作时,视频号创作者可以从以下两个方面进行模仿。

第一个方面,随机模仿。在自身定位的领域内,看到什么视频火,就提炼出其框架,在相同或类似的主题下进行模仿,创作出来一个新内容。

第二个方面,跟随模仿。创作者可以寻找和自己定位相似的大咖,视频号内外都可,仔细分析其经典内容的框架、套路,然后将其植入一个类似的选题中,融合成一个全新的内容。

4.7.2 场景扩展法

创作者在确定了短视频的主题之后,便可以围绕主题进行内容创作——用户喜欢什么便创作什么,用户关注什么便创作什么。这就需要创作者围绕目标用户的需求,列出核心关系,联想多个场景,然后根据角色间的冲突来设计对话,以丰富内容的血肉。在这些步骤中,场景是内容创作中非常重要且关键的部分,通常只有有针对性地扩展场景,创作者才可以快速地提高内容品质。

比如，视频号的目标用户主要为大学毕业刚参加工作的年轻人，创作者便可以按照下面的三个步骤来进行场景扩展，如表4-11所示。

表4-11 场景扩展的三个步骤

步骤	名称	解读
第一步	确定关系	以年轻用户群体为核心，列出八对核心关系
第二步	列出场景	以八对关系为九宫格核心，列出八个常见的、最有冲突的沟通场景
第三步	设计对话	在八乘八等于六十四的场景上，为每个场景设计三段对话

根据目标用户群体，很容易就可以得出第一层核心关系，如图4-19所示。

确定好第一层关系后，创作者便可以在此基础上扩展第二层关系。比如基于这四种核心关系，还会衍生出第二层关系：爷爷、奶奶、叔父、伯母，孩子的同学、老师，好友的父母、朋友，同事的亲人、好友。

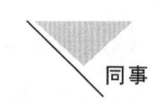

图 4-19 以年轻用户群体为核心的第一层核心关系

确定关系后可以列出场景，比如围绕和孩子间的关系，可以扩展出四个场景，如图4-20所示。

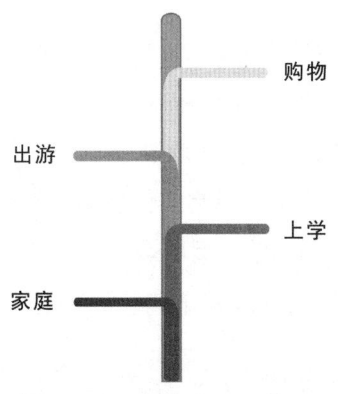

图 4-20 围绕和孩子间的关系扩展出的四个场景

接下来，创作者基于以上四个场景，还可以扩展出四个次级场景，如图4-21所示。

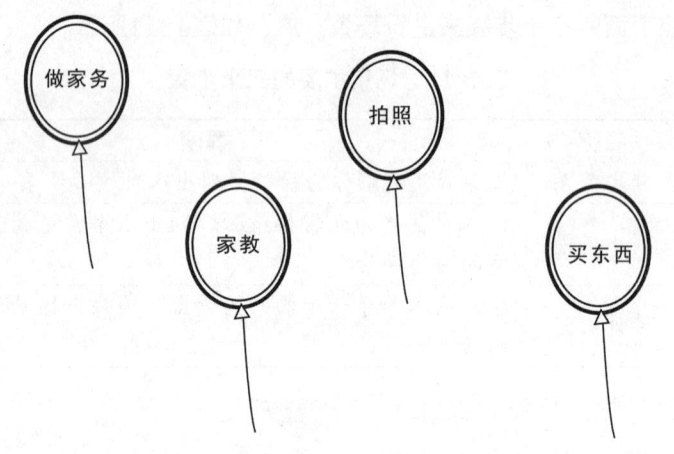

做家务　　拍照
家教　　　买东西

图 4-21　围绕上级场景扩展出的四个次级场景

根据这八个场景，给每个场景都设计三段对话。以买东西为例，可设计以下三段对话。

（1）挑选篮球鞋对话。

（2）消费价值观对话。

（3）金钱来源对话。

角色之间的冲突关系都会在相关场景中有所体现，然后根据这个内容寻找素材进行创作即可。

4.7.3　情感共鸣法

情感共鸣法是指以情感上的触达为核心，通过话题、回忆等方式引发用户共鸣，激起他们的点赞、分享等行为。比如，"80后"做过的事情、"90后"听过的歌、"00后"玩过的游戏等，当用户看到这些内容时便会产生无限遐想，便会怀念过去，想起某件事情、某个人、某个场景，继而对创作者发布的内容产生强烈的情感共鸣。

视频号上有很多爆款内容都属于情感共鸣式，比如玩弹珠、做手工玩具、湖面滑冰等内容。以这种内容为主的视频不仅点赞量多,被分享的次数也很多。

在具体操作时,创作者可以套用下面四个主题模板来用情感共鸣法打造优质内容,如表4-12所示。

表4-12 情感共鸣法的四个主题模板

主题模板	解读	举例
回忆	讲述人生中的过往片段,讲述记忆中最难忘的瞬间,讲述印象最深刻的人和事情,引发用户共鸣	讲述记忆中农村儿童的小游戏和小创意
向往	很多人都有当前还未拥有但是希望在未来能够拥有的东西,分享这些向往的东西,可迅速引发用户与创作者的共鸣	向往在上海市中心拥有一个属于自己的小窝
痛点	和用户讲他们需要的,帮助他们实现诉求,痛点式内容更易于引发用户的情感共鸣	和穷人讲如何省钱,和学生讲如何提高成绩
人性	迎合人性的内容更易于引发用户的共鸣,抓住目标用户群体的人性特点,便能牢牢抓住他们的眼球	为什么这些人年纪轻轻就能开宝马、奔驰、兰博基尼?

第 5 章

人设：总有人比你好却无法取代你

人设，最初来源于二次元的创作，是指动漫人物的外貌特征和性格。视频号的人设，是指视频号内容所展现出来的人格化特征，可以是具体的人物角色，诸如舞娘、美女、小鲜肉等，也可以是某种个性和价值观，诸如独行者、爱国者等。有人设的视频号，在用户眼中会显得更特别，更容易引发用户关注。

5.1 有人设的视频号才更有辨识度

背靠微信大树的视频号，自诞生之后便成了广大创作者的乐园，吸引了无数人在其上发布短视频，只要短视频有观点、有价值、有创新，便可让创作者崭露头角。但令人遗憾的是，很多创作者尽管付出了大量的时间和精力，却一直火不起来，继而对自身创作力产生了怀疑。其实，之所以会出现这种状况，是因为很多时候，问题并非出在内容上，而是出在人设上。

人设对于视频号而言，是一张名片，是一个门面，反映的是创作者在视频号上的个人形象。视频号的人设越对目标用户的口味，视频号就越有亲和力，越有个性，在用户眼中便越有感觉，对用户的吸引力便越高。

具体而言，人设对视频号主要有三大作用，如图5-1所示。

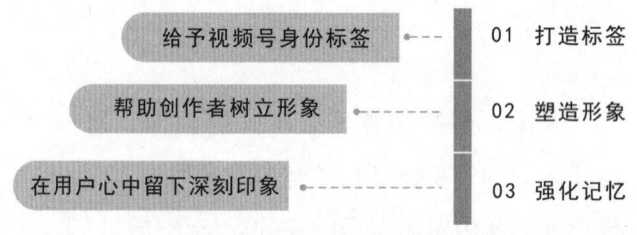

- 给予视频号身份标签 —— 01 打造标签
- 帮助创作者树立形象 —— 02 塑造形象
- 在用户心中留下深刻印象 —— 03 强化记忆

图5-1 人设对视频号的三大作用

视频号"李子柒"发布的视频内容都是关于中国传统美食和工艺的，三月桃花开，她便开始采摘桃花酿制桃花酒；五月枇杷熟，她便摘下枇杷来制作枇杷酥……另外，"李子柒"的视频内容还涉及养蚕、刺绣、竹艺、木工、面点、制笔、制墨、造纸等，如图5-2所示。

"李子柒"之所以能火，内容好是一方面，国风人设也是重要原因——通过国风美食、国风美景、国风美人三大板块，大大提升了自身的标志性元素含量，快速占领了用户心智。

（1）国风美食。"李子柒"的视频当中的美食都具有浓浓的国风特色，或追根溯源，或极致演绎，带给用户唯美的视觉享受。比如其发布的视频《酱油酿造》，便是从种植黄豆说起，为大家展示了传统的酱油酿造的工艺流程。

（2）国风美景。除了有美食，"李子柒"的视频中还有古朴的、仿如世外桃源般的田园美景，令人赏心悦目，让人看了身心空灵。

（3）国风美人。"李子柒"的视频中，有美食，有美景，还有美人——身穿汉服出镜的"李子柒"，拥有仙女般的气质，温婉、优雅、勤劳、朴素，几乎集齐了中国传统女子身上的所有优点。

图 5-2 视频号"李子柒"的主页

5.2 根据用户需求打造人设标签

视频号的人设是给用户看的，是创作者希望展示给用户的形象。因此，创作者在打造视频号人设标签时，需要根据用户的需求来设定——用户喜欢什么人设，就设定什么人设；用户信任什么人设，就设定什么人设。

5.2.1 确定目标用户

要想知道用户的真实需求，视频号创作者首先需要确定的是目标用户属于哪一类群体,就是要知道自己短视频内容的最终消费人群。通常来讲,创作者可以利用给用户画像的方式来确定视频号的目标用户。

所谓的"给用户画像",是指根据用户性别、年龄、居住地、职业等要素勾勒出用户的大体形态的分析方法。通过给用户画像,创作者可以非常直接地了解短视频内容的最终用户群体的特点、喜好,继而有针对性地为视频号设计人设。

比如,一个主打年轻态的美妆类视频号,可以根据下面几个要素为用户画像,如表5-1所示。

表5-1 美妆类视频号给用户画像的几个要素

性别	女性占80%,男性占20%
年龄	14~30岁之间
化妆经验	零经验或初入门
城市	主要居住在一、二线城市
学历	大专及以上
爱好	逛街、购物、吃美食、看吃美食、锻炼
当前状况	会一点化妆术,但并不太熟练,大多对局部化妆有需求,诸如眼妆、打底、修饰脸型等
化妆习惯	日常只擦BB霜、画眼线、涂口红
学习途径	微博美妆博主、小红书种草文、各大平台美妆短视频

在为用户画像时,视频号创作者如何才能做到精准呢?针对这个问题,视频号创作者可以通过五个流程来为用户画像。

理解用户画像的四大属性

用户画像是根据用户的属性与行为特征,抽象出相应的标签,整合而成的虚拟人像。它具有四类属性,如表5-2所示。

表5-2 用户画像的属性

属性	解读
基本属性	性别、年龄段、地域等
社会属性	用户的收入水平、职业职位以及资产情况等
行为属性	购物偏好、兴趣偏好、理财偏好等
心理属性	是否崇尚自然、是否注重性价比、是否虚荣心强等

明确画像目的

创作者要确定通过为用户画像所要达到的目的,是希望更清晰地感知视频号目标用户的特点,还是希望实现更好的营销和推广效果?只有先明确了这一点,在构建标签体系时,才能对数据的深度、广度以及时效性等方面作出明确的规划,才能更有针对性地打造人设。

进行数据采集

因为只有建立在客观且真实的数据基础上的用户画像才能帮助创作者达成目的,所以在采集数据时,创作者要从多角度出发,比如行业数据、用户消费习惯数据、用户属性数据、用户行为数据等。同时,还要综合使用数据采集方法进行数据采集,如行业调研、用户访谈、调查问卷、平台数据库等。

提炼数据

由于采集到的数据并不是所有的都是有效数据,还存在非目标数据、无效数据以及虚假数据。这个时候,创作者需要对数据进行筛选,然后提炼出对视频号人设打造有价值的数据。

数据标签化

数据标签化是指把提炼出来的数据映射到构建的标签中,把用户的多种特征组合到一起。这一步至关重要。因为这与画像的丰富度和准确度有直接关系,所以在贴标签时要与视频号自身的功能与特点相结合。比如,美妆类视频号要对与美丽值相关的标签进行细化,资讯类视频号则需要突出自身的专业性、时效性、价值感等特点。

5.2.2 采集需求数据

找到目标用户后,视频号创作者下一步的工作就是采集用户需求数据,然后从中提炼出真正的用户需求,并以此来打造人设。但是巧妇难为无米之炊,如果没有用正确的方法进行需求数据的采集,只是随便做一下数据集合,那再精明的视频号创作者都无法找到真正的用户需求。

通常,采集用户需求数据的步骤主要有两个。

(1)选择适合的需求数据采集方法。当前,应用较广泛、较有效的用户需求数据采集方法主要有五种,如图5-3所示。

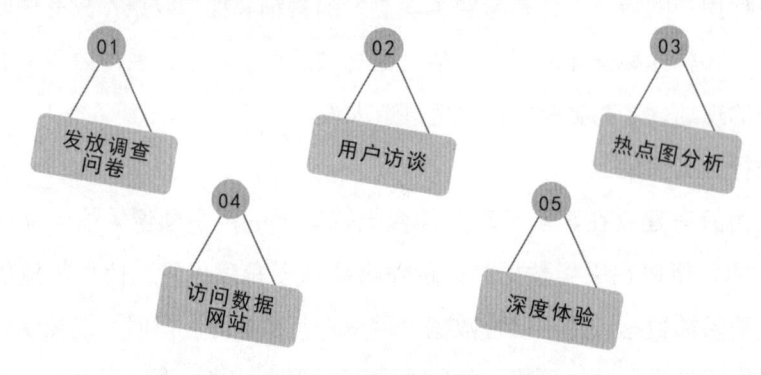

```
01 发放调查问卷
02 用户访谈
03 热点图分析
04 访问数据网站
05 深度体验
```

图 5-3　用户需求数据采集的五种方法

(2)进行用户需求调查。以调查问卷方法为例,其流程主要如下:

第一,确定调查目的。比如创作者要推出的短视频内容是否能满足用户需求,如果能,是否全部需求都满足了?如果没有全部满足,满足的需求是哪个部分,没有满足的又是哪一部分?

第二,设计调查问卷。每个视频号设计的调查问卷大纲内容都有自己的特点,并不存在特定格式,不过,在设计调查问卷时需要遵循几个原则,只有如此,设计出来的调查问卷才是真实有效的,才可以确保其结果的准确性。创作者在设计用户需求调查问卷时需要遵守的五大原则,如图5-4所示。

1 围绕调查目的设置问题

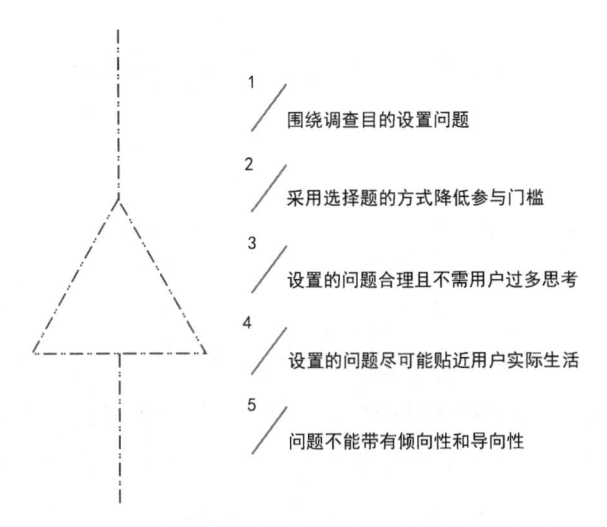

2 采用选择题的方式降低参与门槛

3 设置的问题合理且不需用户过多思考

4 设置的问题尽可能贴近用户实际生活

5 问题不能带有倾向性和导向性

图 5-4　设计用户需求调查问卷时需遵守的五大原则

5.2.3　提炼真实需求

很多视频号创作者在打造人设时，经常会遇到这样的问题：明明是根据用户需求打造出来的人设，用户为什么一直对其是即若即离的态度，产生不了浓厚的兴趣呢？答案很简单，创作者找到的需求并非用户真正的需求，因此用户对视频号的人设不感冒也就不足为奇了。

因此，在打造视频号人设时，创作者需要提炼用户的真实需求。那么，创作者如何才能提炼出用户的真实需求呢？

筛选

对待用户表现出来的需求，视频号创作者需要站在用户的视角上进行挖掘，去伪存真。在筛选用户需求时，创作者可以参照下面四个标准来操作，如图5-5所示。

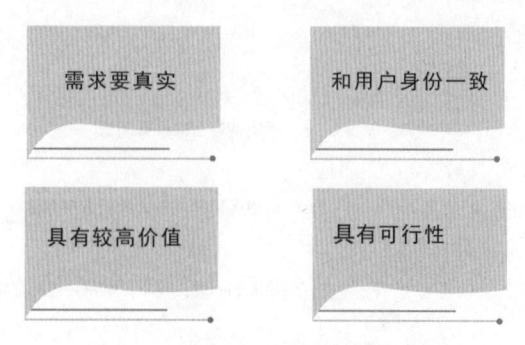

```
┌─────────────┐  ┌─────────────┐
│  需求要真实  │  │ 和用户身份一致│
└─────────────┘  └─────────────┘

┌─────────────┐  ┌─────────────┐
│ 具有较高价值 │  │  具有可行性  │
└─────────────┘  └─────────────┘
```

图5-5 筛选用户需求的四个标准

在对用户需求进行初步筛选后，创作者还需要对筛选出来的需求做进一步的甄别。一般情况下，用户的需求可以分为三大类，如表5-3所示。

表5-3 用户的需求类型

需求类型	解读	举例
表面需求	指用户说出来的或者表现出来的需求	想要让自己的脸变得更靓丽
本质需求	指用户隐藏在表面需求背后的真正需求	提升颜值从而提高相亲成功率
产品需求	指用户为了消除痛点而渴望得到的解决方案	12秒让大饼脸变瓜子脸

提炼数据

采集完用户需求数据后，视频号创作者还需要对这些数据进行提炼和分析，看看哪些是伪需求，哪些是用户的真实需求。在分析用户需求时，视频号创作者可以通过马斯洛需求模型或KANO需求模型来操作，然后得出用户的需求属于哪一种类型，创作者是否有必要或有能力来满足，同时也要对该类需求是否有市场做出合理且精准的判断。

5.3 人设要和能力匹配

人设并非无中生有，更不是凭空想象出来的，需要和创作者的能力相匹配。如果没有能力作为支撑，人设即使看起来再诱人，那也是名不副实的，视频号也不会被用户长久接受和喜欢。因此，视频号创作者在打造视频号人设时，需要从自身能力出发，而非凭空捏造。

5.3.1 没有能力做支撑的人设易翻车

如何才能保证视频号的人设容易被用户所接受？

如何才能保证视频号人设不翻车？

如何才能确保视频号人设持续产出？

…………

这些问题有一个共同答案，那就是"人设需要与自身能力相匹配"，意思就是说，人设要有能力做支撑。比如，创作者要确立会跳舞的人设，那么创作者就必须会跳舞，而且还要跳得好，完成普通的舞蹈动作对创作者来说应是游刃有余的；创作者要确立会厨艺的人设，那么创作者就必须会做菜，而且还要做得比普通人好，要有自己的创意和技巧。只有如此，创作者打造的人设才能成功为视频号吸粉。

具体而言，个人能力对人设需要具备三大支撑作用，如图5-6所示。

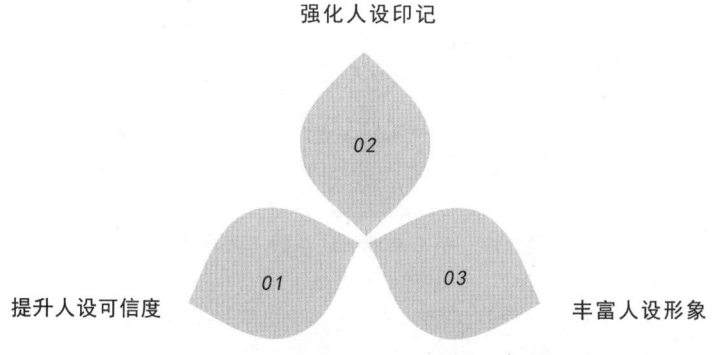

图5-6 个人能力对人设需要具备的三大作用

5.3.2 确定自身能力圈边界

巴菲特说过:"对你的能力圈来说,最重要的不是能力圈的范围大小,而是你如何能够确定能力圈的边界所在。如果你知道了能力圈的边界所在,你将比那些能力圈虽然比你大5倍却不知道边界所在的人要富有得多。"因此,我们在打造视频号人设时,十分有必要先确定自身能力圈的边界,即确定自己能做什么,不能做什么。

比如,一位致力于美食类短视频创作的创作者,她最擅长的便是做各种家常菜,她做的家常菜不管是在外观上、颜色上,还是在口味上,都很吸引人。这位创作者想将自己的人设定位为像视频号"李子柒"一样的"古风手工美食家",但是她却没有意识到,她之所以能够做出精美的家常菜,是因为一直以来她借助的是现代化的厨房设备,假如失去了这些设备的支持,她是不能将普通食材变为美食的。基于此,这个"古风手工美食家"的人设便超出了这位视频号创作者的能力圈边界,自然也就无法做出如同视频号"李子柒"那样唯美的古风美食视频。

具体而言,创作者可以通过三种方法来确定自身能力圈边界,如图5-7所示。

列不足
列举自己的不足之处,明确短板

列专长
列举自身特长,确定能力圈边界

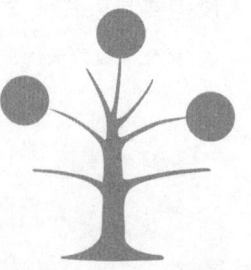

列禁区
列举自身能力不足以驾驭的领域

图5-7 确定能力圈边界的三种方法

5.3.3 只做能力圈内的事

确定了自身能力圈边界后,视频号创作者还需要抵制住各种各样的诱惑,只做能力圈内的事情,特别是自身擅长的事情,持续创作高品质内容。

比如,如果你的视频剪辑技术过硬,那就可以每天发布视频剪辑教程,以此吸引渴望学习视频剪辑技术的用户来关注和点赞。假如你放弃做剪辑内容而是去跟风做动漫视频,那么你很可能会因为没有漫画制作能力、缺少动漫知识储备等原因而竹篮打水一场空。即使有一两个视频反响很好,但时间一长用户也不会再关注你。而原先那些凭借剪辑技术内容吸引到的用户也会因为你发布动漫内容而选择取消关注。最终的结果就是,你的"剪辑专家"人设因为没有坚持只做能力圈内的事情而崩塌,被用户抛弃也成了必然。

另外,人的能力并非一成不变,而是随着我们的学习积累而不断提升。因此,只要创作者肯学习、善积累,能力圈边界也会不断扩展,能力圈自然会随之扩大。比如,你想打造一个"古法手工制作美食家"的人设,原本你的能力边界是做现代类美食,但是通过持续学习古法手工制作美食的方法和不断创新,这个能力圈边界也会随之扩展,你的"古法手工制作美食家"的人设也就变得名副其实。

5.4 以职业来打造人设最易于上手

视频号创作者根据自身所从事的职业来打造视频号人设,是简单而高效的定位方法。原因是:一来从事某职业往往意味着在某方面专业,可以让用户对视频号输出的内容充满期待感;二来职业也是快速获得用户信任的重要媒介,视频号职业特征越明显,用户对其关注的意愿便越强烈。

5.4.1 放大职业的标签

什么样的人设是自己最得心应手的？

什么样的人设是不会让自己因为缺乏素材而苦恼不已的？

什么样的人设是最能体现出自己的专业属性，且最能说服用户的？

…………

无疑，就是与你的职业相关的人设。

视频号做得好的创作者，很多都是立足自身职业特征然后持续做垂直内容的专家，他们为视频号打造的人设往往能够在第一时间吸引用户的关注，大大提升视频内容在用户眼中的价值。因此，从职业入手来打造人设，往往更易成功。

视频号"美食家王刚"，其输出的内容既有精美的摆盘，又有老少皆宜的家常菜，因为制作工序简单、讲解翔实、操作易上手，因此深受用户喜爱。视频号"美食家王刚"成功的关键，除了内容对用户价值大之外，还和其"厨师长"的人设有很大关系——厨师职业在喜爱美食的用户眼中天生便具备较强的权威性，很容易吸引用户眼球，增强用户对视频内容的期待感。

因此，在打造人设时，视频号创作者可以从自身职业入手，将其放大成吸引用户注意力的黑洞。但是需要注意的是，并非所有创作者都可以用职业来为自己的人设背书，只有那些在自身职业中拥有了一定成就的创作者才可以。而衡量职业成就高低主要有四个指标，如图5-8所示。

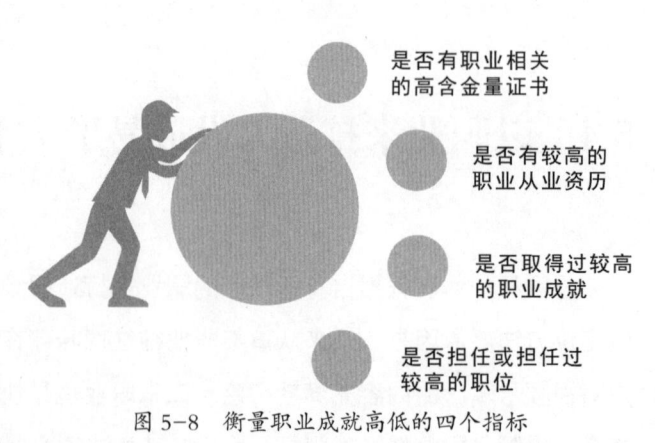

图 5-8　衡量职业成就高低的四个指标

- 是否有职业相关的高含金量证书
- 是否有较高的职业从业资历
- 是否取得过较高的职业成就
- 是否担任或担任过较高的职位

5.4.2 挖掘职业场景卖点

对视频号创作者而言,并非只要打上了医生、厨师、老师等职业标签就会火起来。因为职业人设对用户来说本质上也是一种商铺,创作者只有放大其场景卖点,才能在第一时间吸引用户眼球,快速在用户内心中留下印记。

视频号"律师侯晓敏"便是通过强化自身的"律师"职业标签打造出了"急公好义好律师"的人设,通过放大各种法律场景中的卖点,快速吸引了大批用户关注。

"律师侯晓敏"挖掘的职业场景各种各样,诸如:房产证加孩子名字好处多多;同居多久算夫妻;警察要带走你的家人时这样做;离职时老板不肯发工资,一招要回;电话录音取证后你还要干这件事……各种类型场景的呈现以及相应场景下的合理应对方法,成功激发了用户的好奇心。

创作者在挖掘场景卖点时,可以采用三种方法,如图5-9所示。

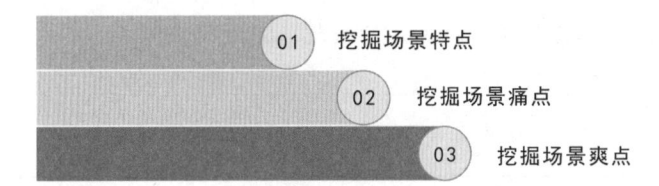

01 挖掘场景特点
02 挖掘场景痛点
03 挖掘场景爽点

图 5-9 挖掘场景卖点的三种方法

5.4.3 突出职业身份

视频号创作者将自身职业打造成人设标签,除了注重挖掘场景卖点外,还需要突出自己的职业身份,借助职业属性来为视频号加分。

视频号"周大亮医生",就是通过突出"专业医生"的人设吸引了120万用户关注。不管是"首都医科大学博士"的身份,还是"具有20年临床经验"的来头,这些都在第一时间给予用户满满的专业感和产生信任感。

有了专业感和信任感,用户自然更乐于观看"周大亮医生"发布的视频。因此,"周大亮医生"发布的,不管是和心脏病防治有关的视频,还是与高血压防治有关的视频，还是哪些食物可以降血脂的视频，人气都非常火爆。

可见，通过强化职业身份，视频号创作者能够为视频号打造出较强的专业化人设，能让视频号快速获得用户的信任，继而提升其内容在用户心中的期待感。

强化职业特殊性

假如视频号创作者所从事的职业较为特殊，可以通过放大职业的特殊性，提升视频号对用户的吸引力。

通常来讲，有三类职业在用户眼中较为特殊，如表5-4所示。

表5-4 用户眼中的特殊职业

类型	解读	举例
神秘职业	本身具备一定神秘性的职业，很容易吸引用户关注	特警、押运员等
冷门职业	相对于大众职业，比较冷门的职业也很容易引发用户关注的兴趣，刺激用户深入了解	雕刻师、插画师、酒店体验师等
"高大上"职业	在用户眼中具有"高大上"属性的职业	老板、演员等

放大职业身份

假如视频号创作者所从事的职业比较大众，也可以通过放大职业身份的方法来提升视频号的人设吸引力。

具体而言，放大职业身份的方法如表5-5所示。

表5-5 放大职业身份的三种方法

方法	解读	举例
强化身份	通过强化职业身份，强调自身在行业中的专业性和权威性，继而吸引用户关注	在某重点高中担任年级组长，展示每天的工作内容

（续表）

方法	解读	举例
放大价值	通过放大职业的价值，以职业整体的形象吸引用户关注，强化视频号的可期待性	大学毕业后到喀什的小学支教，被这里纯朴的孩子感动
展示专业	身份不够专业来凑，当你的职业技能达到了职业顶尖水平时，也能快速吸引用户	从事厨师5年，除了会炒菜，还练就了一手"小谢快刀"

5.5 有差异的人设才能快速占领用户心智

差异化战略也被称为特色优势战略，运用在视频号运营中是指通过放大视频号的差异，继而快速吸引用户关注，快速提升视频号的竞争力。视频号差异化竞争的目的是使用户感受到该视频号输出的内容优于其他同类视频号输出的内容，快速占领用户心智，就比如同样是手机，苹果注重的是极致体验，小米则更注重性价比。

5.5.1 有差异才有记忆

大家都知道，在视频号中美食行业的典型代表已经有视频号"李子柒"，同类型的视频号想超越它抢夺用户是难上加难，但是有一个视频号却是例外，而它成功的秘诀就是差异化定位，它就是视频号"野食小哥"。

2016年，"野食小哥"作为一个户外美食短视频号正式上线；

2017年，"野食小哥"系列短视频内容品牌建立；

2018年，"野食小哥"开始建立自己的产业链，通过短视频内容进行商业变现。

在短视频时代,"野食小哥"的名气并不小,一度能与"李子柒"并驾齐驱。它之所以能脱颖而出,就是因为选择了走与"李子柒"完全不一样的人设道路。"野食小哥"着力打造的人设是一位孤独的美食家,希望营造一种远离现在的城市喧嚣,追求纯真、亲近大自然的原汁原味的美食意境。

2016年,"野食小哥"的创作者想做美食类短视频,但市场上类似于视频号"李子柒"这样的成功代表已经不少,所以他想做点不一样的内容,最后选择了做户外美食短视频。与室内美食内容不同,户外美食内容更有场景感与互动性,"野食小哥"的创作者还在创作中加入了许多幽默诙谐的元素,使短视频看起来更加有趣。与"李子柒"的"采菊东篱下,悠然见南山"的桃花源式风格不同,"野食小哥"的人设风格更加接地气,粉丝也更广泛。

之所以有这个人设,是因为"野食小哥"的用户以"80后""90后"群体为主,他们大部分都居住在城市,对户外生活都有着向往之心,但是没有精力与时间。"野食小哥"的人设恰巧满足了用户的这一部分需求,而这一部分需求也正好与"李子柒"的用户需求区分开来。

可见,视频号人设差异化越明显,视频号的竞争力便越大,视频号便越容易在第一时间吸引用户,继而在激烈的竞争中脱颖而出。具体而言,差异化的人设主要有四大作用,如图5-10所示。

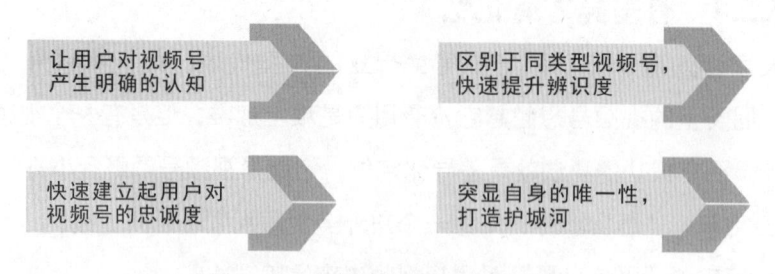

让用户对视频号产生明确的认知	区别于同类型视频号,快速提升辨识度
快速建立起用户对视频号的忠诚度	突显自身的唯一性,打造护城河

图5-10 视频号差异化人设的作用

5.5.2 打造差异化人设三问

视频号创作者在为视频号打造差异化人设前,需要明确三个问题,只有明确了这三个问题的答案之后，打造出来的差异化人设才更具有竞争力，如图5-11所示。

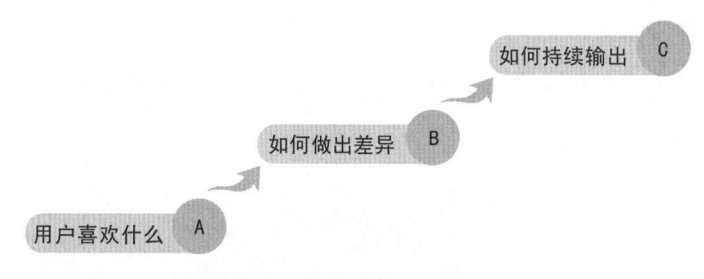

图 5-11 打造差异化人设三问

5.5.3 强化视频号差异化

视频号创作者想要强化视频号人设的差异化，从视频号的基础设置入手是一个非常简单高效的方法。很多时候，人们往往喜欢以貌取人，因此，个人的外表标签性越强，越有差异化，便越容易被记住。视频号人设同样如此，通过嵌入独特的颜色或打造个性化的logo，可以有效增强视频号人设在用户眼中的差异化印记。

具体而言，视频号可以通过三种方法来强化自身差异化，如图5-12所示。

A 设置专属logo　　B 设置专属头像　　C 用简介强化身份

图 5-12 强化视频号差异化的三种方法

5.5.4 打造差异化内容

视频号人设的差异化并不仅仅因为一个头像、一句简介就能够被用户认可，除了这些以外，要想扩大人设的吸引力和影响力，创作者还需要在内容上体现出差异化，以高品质的新奇内容打造一个又一个记忆点。

比如，视频号上的美食视频大都"诞生"于现代化的厨房，创作者则可以立足野外，在"原始"环境中烹饪美食，且全程无解说无旁白，并加入幽默诙谐的背景音乐。由此，便可以打造出具有高辨识度的内容，带给用户更加新奇的视觉体验。

具体而言，创作者可以通过三种方法来提升内容的差异化，增强其辨识度，如图5-13所示。

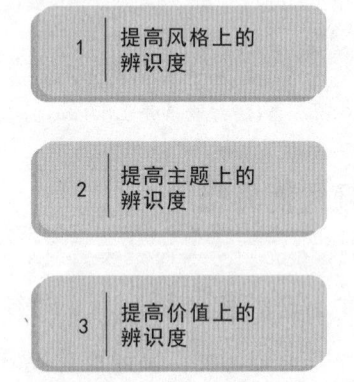

1 | 提高风格上的辨识度

2 | 提高主题上的辨识度

3 | 提高价值上的辨识度

图5-13 提升内容差异化的三种方法

第 6 章

视频: 10 万 + 爆款的六个打造秘诀

视频号运营得好不好,能否快速吸引用户关注,攻占用户心智,视频是压舱石。视频拍得好、有创意、有价值,获得好友社交推荐的概率就大,被视频号平台推荐的力度就大,相应地,在用户眼前的曝光度自然更高,成为爆款视频的可能性也就直线上升。

6.1 点击过10万的视频都有一个好脚本

仔细分析视频号平台上的那些点击量过10万的视频，会发现这些视频都有一个共同的特征：它们拥有明确的主题，叙事条理清晰，卖点十足。为什么这些视频能够做到如此优秀呢？一个很重要的原因就是，它们都有一个质量上乘的脚本。

6.1.1 写脚本必须要有导演思维

所谓的"导演思维"，是指在拍摄视频时提出一种或几种想法，并在拍摄过程中彻底贯彻它、体现它、升华它。在电影和电视剧中，导演通常会利用主要人物之间的矛盾或者现实和理想之间的反差，来展现出某种价值观，引发观众强烈的共鸣。

具体而言，导演思维主要表现在三个方面，如图6-1所示。

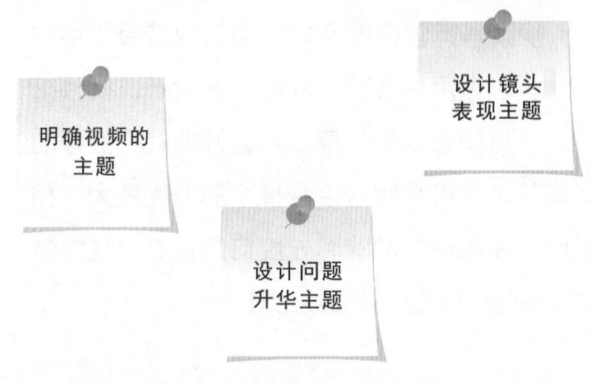

明确视频的主题
设计镜头表现主题
设计问题升华主题

图 6-1 导演思维的具体表现

视频号"我是郭杰瑞"发布的视频便具备明显的导演思维。该视频号创作者是美国人郭杰瑞，在每一期视频中，他都会选择一个主题，然后采访身份各异的普通中国人或美国人，让他们就某个话题充分发表意见，展现中美两国人在价值观、思维方式、生活习惯上的差别。最为重要的是，每一期的视频他都会对主题做一个升华和总结，让大家从中了解到他想和用户分享的价值观。

比如其发布的《疫情后重返中国，采访商户现状，对比美国的怎样》视频，郭杰瑞便讲述了自己从美国重返中国后，通过外国人特有的视角以及普通商户的陈述，对中国疫情防控有了一个更加深刻的认知。

但是在郭杰瑞看来，只是在视频中分享这一点是远远不够的，这种浮于表面的经历分享会让视频在内容方面看起来略显单薄，很难在用户心中留下深刻印象。所以，他以导演的视角为视频增加了四个问题：一是中国在新冠肺炎疫情防控方面的工作为什么做

图6-2 视频号"我是郭杰瑞"发布的重返中国的短视频截图

得如此成功？二是中国商户现在的经营状况为什么恢复得如此好？三是美国的疫情防控为什么如此失败？四是如何才能利用好中国的疫情防控经验？在为用户揭开这四个问题的答案之时，郭杰瑞的视频内容在用户眼中就变得更有深度，有了更高的价值，如图6-2所示。

6.1.2 "三段法"设计脚本

在导演思维的指导下，视频号创作者可以通过"三段法"来设计视频脚本。

第一阶段：确定视频内容的形式、人物和事件。在这一阶段，创作者需

要确定三个关键词，为视频脚本定下大体框架，如表6-1所示。

表6-1 脚本框架的关键词

关键词	解读	举例
故事形式	视频主题以什么故事形式承载？每种故事形式都有不同的戏剧架构、人物呈现，以及情节设计，这些是否和故事形式相匹配？	你想表述"老夫老妻才是真爱"的情感主题，你可用"丈夫假装脚摔坏骗妻子搀扶三天"的故事承载
主要人物	谁是主要人物？主要人物的性格是怎样的？能否将其极致化，使其留给用户更加深刻的印象？	"老夫老妻才是真爱"主题，丈夫是主要人物，性格比较诙谐活泼，包容妻子的一切错误，是宠妻狂魔
人物经历	人物在实现目标的过程中会经历哪些事情，这些事情最终给人物带来了什么样的情感认知？	丈夫为了讨妻子欢心，叼着玫瑰花热舞，让妻子感受到了丈夫浓浓的爱意

第二阶段：强化冲突和价值。视频对用户来说好不好看，有没有吸引力，和其是否有激烈的矛盾冲突或超高的价值有着直接关系。通常来说，矛盾冲突越激烈，价值就越高，对用户的吸引力就越强，视频成为爆款的概率就越大。

在视频脚本设计的第二阶段，创作者可以通过三个问题使视频具备一定的矛盾冲突或价值。

问题一：贯穿整条视频的主要冲突是什么？最好是人物面临两个对立的选择，不同的选择会导致不同的故事走向，以此引发用户在观看后产生"如果他做了另一种选择，会发生什么"的疑问。

问题二：剧情与主角人设是否一致？比如视频的主题是展现一个成功的创业者，那么，主角在成功之前发生的艰辛的奋斗故事剧情是否与其人设一致？是否能引起用户的共鸣？

问题三：角色转变是否到位？包含引发人物转变的事件的可信度高不高，安排做出如此转变是否有意义？角色的转变能给用户带来什么样的情感满足？

第三阶段：评价修订。脚本框架、人物矛盾等设定完成后，创作者还需要回过头来，以第三者的视角进行评价，在发现问题后及时调整和修正。

脚本的评价标准如表6-2所示。

表6-2 脚本的评价标准

评价标准	解读
人物设定	人物设定是否合理，是否适合完美地演绎剧情，是否切合目标用户审美
剧情设定	情节是驱动力，人物的相关设定是否能决定剧情的走向与形态，是否有卖点
叙述设定	采用平铺直叙的方式还是繁复悬疑的形式，能否最大限度地强化剧情冲突
观念设定	视频内容想传递的价值观是什么，是否符合目标用户的价值观

6.1.3 镜头设计三步法

视频号创作者在设计视频脚本时，还需要考虑镜头的运用，虽然一个好镜头未必会带火一条视频，但一条火爆的视频中必定会有很多精彩的镜头。那么，在设计脚本时，如何利用导演思维来设计镜头呢？

在设计视频镜头时，创作者可以利用导演思维将镜头解析成三部分，如表6-3所示。

表6-3 镜头的解析

镜头	解读	举例
景别	景别是镜头的重要组成部分，景别不同，给予用户的视觉感受便不同。因此，创作者需要为剧情设置合适的景别，继而达到以景抒情的目的	在呈现人物情绪转变的剧情时，使用月亮由满月到缺月的背景，突出主要人物在面对突然发生的变故时的低沉情绪，引发用户的情感共鸣
角度	镜头需要彰显鲜明的视角，或主观，或客观，或中立	比如郭杰瑞以赞赏的视角看中国采取的防疫措施，对比中美之间在疫情防控方面的差距

（续表）

镜头	解读	举例
对话	镜头中，恰当地呈现人物之间的对话才能更好地明确人物关系、推动剧情发展、补充视频画面、传递人物情绪	通过女儿和父亲之间的对话，将父亲藏私房钱的地方暴露在母亲面前，推动视频情节发展

6.2 封面靓，点击率才高

现实生活中，看一个人，总是习惯先看对方的脸，如果发现对方是美女或者是帅哥，那么，心情便会变得愉悦起来，与之结识攀谈的兴趣也会大大提高。封面之于视频的作用便类似于脸面之于人，封面靓，给予用户的视觉冲击力相对就强一些，给予用户的美感也会更强烈，用户点击观看的意愿会更强烈。因此，点击量超过10万的视频，往往都拥有一张诱人的封面。

6.2.1 提炼内容亮点做封面

视频号创作者发布的视频和电商平台上展示的商品类似，商品展示出来的卖点越鲜明，越能在第一时间吸引用户的眼球，刺激他们购买的欲望。同样的道理，视频封面的亮点越突出，视频对用户的吸引力就越强，用户点击观看的欲望就越强烈。因此，创作者在发布视频时，封面需要有足够的内容亮点。

比如视频号"小悟爱科学"的视频，之所以能够发布一个火一个，除了因为其选题新颖之外，满是吸睛点的封面也是非常重要的原因。比如其发布的视频《终于给孩子找到了比电子游戏更有吸引力的东西》，3天便吸引用户点赞7.9万个，被转发6.8万次。这条视频如此火爆，除了其选题会让用户产生强烈的好奇心外，还和其吸睛封面有着很大关系——空杯子对着两排燃烧的蜡烛，如图6-3所示。

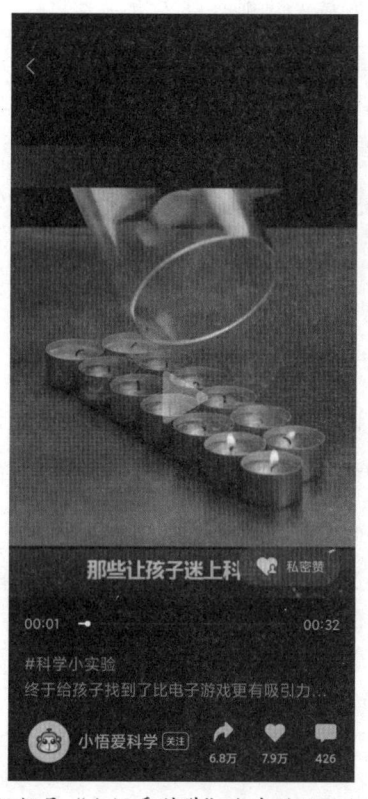

图6-3 视频号"小悟爱科学"发布的短视频封面截图

那么，在具体的操作中，创作者如何提炼内容的亮点呢？方法有三个，如表6-4所示。

表6-4 内容亮点的提炼方法

方法	解读	举例
提炼创意	用户喜欢新奇、有创意的内容，将内容中的创意点提炼到封面中，能够显著提高视频对用户的吸引力	以棒球棍作为辅导作业视频的封面，强调威慑效果
搞笑画面	将内容中的搞笑画面提炼出来作为视频封面，吸引用户关注	过闸门时被卡住的搞笑画面

（续表）

方法	解读	举例
展示痛点	若封面就是痛点，则会让人看一眼就代入进去不能自拔，就会迫切地点击观看，想要找到解决方案	爸爸的大型双标现场，女儿吃鸡腿，儿子啃鸡脖

有了这样的"脸面"，用户观看视频的欲望自然会被无限放大。所以，封面必须要结合输出内容展现出亮点，让用户在第一时间便喜欢上你的视频。

6.2.2 使用文字封面画龙点睛

视频号封面除了可以利用内容亮点来吸引用户点击观看以外，还可以利用文字精准地向用户传递价值，提升用户对视频内容的期待感，继而无限放大他们观看视频的欲望。

通常来讲，视频的文字封面主要有四个作用，如图6-4所示。

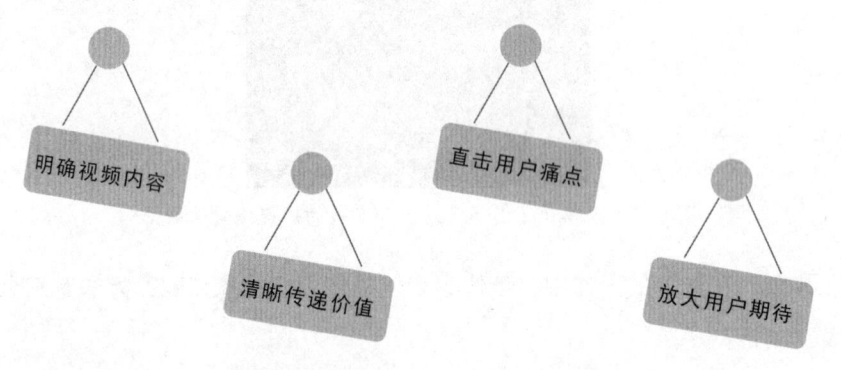

- 明确视频内容
- 清晰传递价值
- 直击用户痛点
- 放大用户期待

图6-4 视频的文字封面的四个作用

也就是说，只要文字封面设计得当，就可以有效地彰显视频标签，放大视频对用户的价值，继而大大提升视频对用户的吸引力。

"再厉害的肖邦，也弹不出本小姐的悲伤。"

"其实，我一直站在你身后，只是你不懂得回头。"

"后来，我嫁给了生活，他娶了前程。"

"你看我还有几分像从前?"

"挑战,男友不让穿的衣服!"

"在大学就知道这些,该多好!"

"自律,怎么像呼吸一样简单?"

这些封面文字,或展现视频的风格基调,或直接介绍内容亮点,或挑明想要告诉用户的秘密,或传递某一方面的感悟和经验……显然能够成倍放大视频在用户眼中的价值,可以在第一时间吸引用户眼球。

但是需要注意的是,视频号是一个发布视频的平台,创作者无法直接为视频设计文字封面。那么,如何为视频设计文字封面呢?其实方法很简单,创作者可以利用第三方的软件工具来给视频或者封面添加文字。

以软件工具"爱剪辑"为例,打开爱剪辑软件,添加之前拍摄好的视频,然后点击字幕特效,就可以为视频添加文字了。

6.2.3　强化创意让用户一见钟情

人都有喜新厌旧的特质,对新奇的东西天生就充满了一种强烈的探索欲望,而创意的本质就是在现实存在的理解和认知基础上,赋予事物一种新的意义和象征。因此,越是有创意的视频封面越容易吸引用户眼球,刺激用户点击观看。

在设计视频封面时,视频号创作者可以灵活使用四种方法来为视频营造强烈的创意感,如表6-5所示。

表6-5　使视频封面有创意的方法

方法	解读	举例
借代	借代手法是指采用其他有共性的元素来替代经常使用的元素,继而将抽象的问题形象化,最终实现与用户情感上的共鸣	用蝴蝶的翅膀遮挡美女的半张脸,以动物的美丽部位替代人类的美丽部位,在用户眼中自然更有创意,更值得点击观看

（续表）

方法	解读	举例
同构	同构是指创作者通过大胆的创造和想象，在同一画面中将两个或两个以上带有独立意义的图形按照一定的规律加以排列和融合，组成新的图形。同构封面既能表现内容主题，又能让用户发挥想象力，通常会激发用户的点击欲望	将足球和汽车、数字和大桥等加以重组同构
文字图形化	所谓"书画同源"，文字本身便具有图形美，因此创作者可以使用文字图形化的方法提升封面的创意感，吸引用户关注	用文字组合成图形，用图形组合成文字，将文字意象化处理
夸张	使用夸张的方法，将展示对象的特点和个性中某一方面放大，继而让用户产生一种新奇的感觉	放大功效，放大细节，表情特写，等等，都可以快速吸引用户眼球

6.2.4 构建场景引人入胜

场景是构建画面感的重要元素，短视频封面场景感越强，用户看到封面后就越容易产生身临其境之感，从而产生点击观看视频的兴趣。因此，创作者在设计短视频封面时，要善于为其注入场景元素。

那么，如何让短视频封面更具场景感呢？

调动五感

当封面能够给予用户视觉、听觉、嗅觉、味觉和触觉上的刺激时，大脑的想象会更活跃，用户的场景感自然更强烈。因此，封面可以聚焦眼、耳、鼻、口、手等器官，也可聚焦能够引发感官反射的食物、色彩、气味等。

展现事件发生的场所

假如视频内容聚焦的是某件事，封面则可展示这件事发生的场所。比如，视频内容是保护野生动物，那么，封面可以是它们在森林中奔驰的画面，也可以是它们被人抓住后在笼子里挣扎的情景。

聚焦某一环节

封面可以是视频内容的某一个环节。比如，一场篮球比赛的视频，封面可以是某位运动员的灌篮动作；展示美食的视频，封面可以是食材在锅内被翻炒时的画面。

6.3 找一个用户爱看的主题

视频对用户有没有吸引力，主题是关键。一般来说，主题越契合用户审美、越新颖、专业性越强，对用户的吸引力便越大；反之，主题平庸、没有趣味、毫无价值，视频对用户而言便没有多大的吸引力。因此，视频号创作者在策划视频时，要先设计一个用户爱看的主题。

6.3.1 打造"五高"主题

很多创作者在寻找视频主题时，总想找到一个极具吸引力的主题，让用户在第一眼看到的时候便喜欢上视频、爱上视频，并愿意去分享视频。

视频号"冉寒星"，一直专注于健身内容输出，善于通过干货主题在第一时间吸引用户关注，点燃用户的参与热情。因为主题卖点突出、吸引力十足，所以该视频号发布的视频对目标用户群体的吸引力非常大，几乎每条视频都是爆款视频。

比如该视频号发布的视频《减肥效果最好的HIIT运动，一起来打卡》，便通过"减肥效果最好"这一极具吸引力的主题放大了视频在用户眼中的价值，让用户明白每天坚持做后踢腿、钟摆跳、后吸腿和提膝下压这四个动作，便能快速减肥。由于主题垂直度高、价值高，方案操作成本低，因而吸引了大批用户前来围观。截至2022年1月，该视频获得了1.4万个赞，被分享了4.8万次，如图6-5所示。

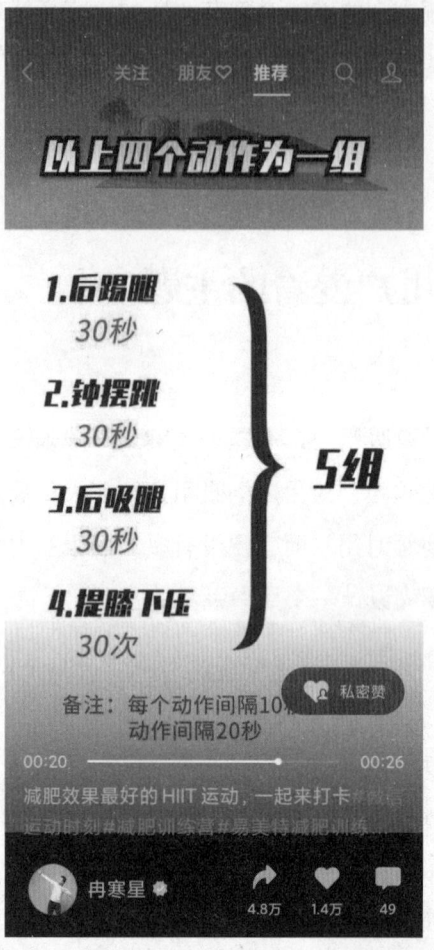

图6-5 视频号"冉寒星"发布的短视频截图

但遗憾的是，鲜少有人能做到像视频号"冉寒星"一样成功，原因是他们所确定的主题总是存在着这样或那样的问题，结果使得视频在用户眼中没有吸引力。

那么，什么样的主题才是好主题呢？通常来讲，具有高吸引力的视频主题都具备五个特点，如表6-6所示。

表6-6 高吸引力主题的特点

特点	解读	举例
高垂直度	主题应该高度契合视频号定位，能够呈现某一细分领域内的知识或强化视频号人设	定位美食类的创作者选择与食物相关联的主题
高关注度	主题必须有一定的关注度，和当前热点有联系，属于社会大众正在讨论或想讨论的内容	日本不顾周边国家强烈反对，执意将核污水排入海洋
高新颖度	主题包含的信息要足够新颖，能够向社会大众输出新的观点，而非陈词滥调	吃得好、吃得多，不一定就是变胖，还可以是变壮
高趣味度	好的主题为了第一时间引发用户的好奇心，通常会具备较强的悬疑性、趣味性	从200斤减到100斤到底有何神奇的感觉
高共鸣度	好主题会在较大范围内引发用户的共鸣，增强用户的代入感，引发他们的点赞和分享行为	养成3个习惯，你的发际线便会向前移动

视频号创作者在打造主题时，应最大限度地使主题具备"五高"特征，只有如此，视频在用户眼中才更具有吸引力，更有观看价值。

6.3.2 有干货

能够吸引用户眼球并引发其积极进行社交分享的主题，都是和用户有一定关联的，在他们眼中是有价值的，即我们通常所说的有干货。原因非常简单，有价值，才有关注的可能，才会进一步吸引用户，继而引发用户的观看、分享行为。

视频号"德慧源吴军"专注于人生智慧分享，善于用浅显的语言说出深奥的人生道理，且因其发布的每一期视频都有一个干货满满的主题，所以深得用户喜爱。

比如"德慧源吴军"发布的视频《懒人多福报，想要有福气，女人要做到这三懒》，创作者在视频开头便道出了女人懒出幸福的三大干货观点。

嘴巴懒。不做无谓之争，才能坚持初心，才能寻得心静，才会更加幸福。

眼睛懒。遇事睁只眼闭只眼，睁开的那只眼睛看透世界，闭着的那只眼睛体悟人生，专注自我。

耳朵懒。只闻智慧之音，不听是非之言，内心自然更淡然，头脑自然更清醒，生活才会更幸福。

因为主题对用户来说价值满满，代入感强烈，这条短视频发布3小时后便获得了4817个赞，被分享3180次，如图6-6所示。

那么，什么样的主题才算是有干货呢？干货主题通常都具备三大特点，如表6-7所示。

图6-6 视频号"德慧源吴军"发布的短视频截图

表6-7 干货主题的特点

特点	解读	举例
用户相关	干货必须和目标用户有较强的关联性，如果没有关联性，那么，就是有再多的干货也吸引不了用户关注	如果目标用户为减肥一族，"学会3个小动作月减10斤"这个主题与目标用户的关联性就较强
干货量多	干货数量越多，视频主题对用户的吸引力就越大，因此在主题中应突出干货数量	学会1个赚钱方法和学会3个赚钱方法，显然，3个比1个有更强的吸引力
实施成本较低	干货再好，如果实施成本超出用户的承受能力，那对用户而言也没有任何价值。因此，干货主题还需要有较低的实施成本	学会3个小动作便能快速实现减肥目标，对用户而言付出的只是时间成本，自然容易接受

6.3.3 蹭热点

不管是预测型热点还是突发型热点，都是流量和注意力的保障，假如视频主题能够搭上热点快车，自然可以为视频带来更多的关注，吸引用户积极转发，继而大幅提升视频在视频号平台上的曝光度。

当前，孩子的教育是家长眼中的头等大事，也是社会上一个长久不衰的热点。视频号"状元名人堂"便结合自身定位，通过蹭热点的方式无限放大了"学习方法改变孩子成长轨迹"的主题。

该视频号创作者在视频中以家长的身份发表感慨引出主题。

孩子上小学时：优秀得让人觉得清华北大统统拿下！

到了初中时：觉得能考上985、211也挺好的！

高一高二时：觉得能上个普通一本也可以！

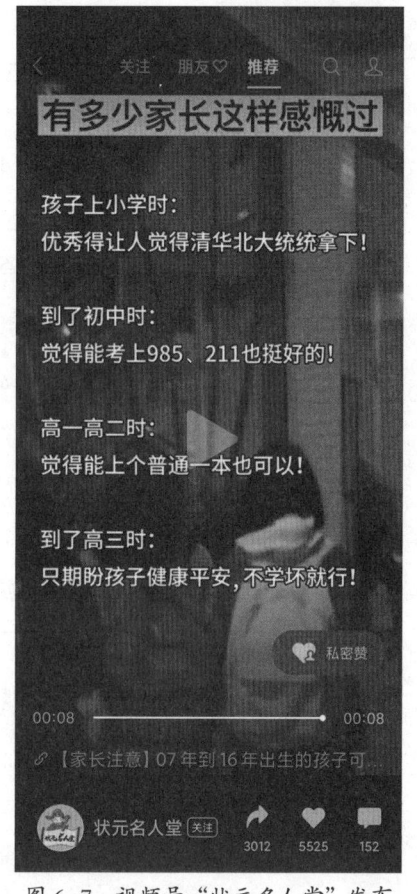

图 6-7 视频号"状元名人堂"发布的短视频截图

到了高三时：只期盼孩子健康平安，不学坏就行！

这些蕴含着家长感慨的主题呼应了当前的教育热点，引发了家长们的强烈共鸣，使得该视频发布2小时便吸引了3012位用户分享，获得了5525个赞，如图6-7所示。

那么，视频的主题到底应该如何蹭热点呢？创作者在蹭热点时，为了达到最佳效果，可以采用三步走策略。

第一步，分析热点类型。

通常，热点可以分为两大类，如表6-8所示。

表6-8 热点的两种类型

类型	解读	举例
可预测型	可以提前预见到的热点	会议、活动、节日、纪念日等
突发型	突然发生的对社会、生活影响较大的事件	日本决定将核污水排到海洋

第二步，判断主题和热点契合度。

对视频号而言，并非什么样的热点都可以蹭，假如热点和自身定位不同，或者热点的负能量较多，蹭热点最终的结果可能是适得其反，导致视频内容虽然可能有些热度，但是会给视频号品牌带来负面影响。

那么，创作者如何判断什么样的热点可以蹭什么样的热点不可以蹭呢？在做判断时，创作者可以参考以下三个依据，如表6-9所示。

表6-9 热点选择的三个依据

选择依据	解读	举例
热点属性	从热点的话题性、传播性以及正能量属性来判断热点的受众和被关注程度，了解热点究竟有多热	菏泽和洛阳两地的牡丹花之争，受关注度一直非常高
时间属性	从热点持续时间长短上来判断其是否具备持续的流量吸附作用，继而判断热点的实际流量价值	名人结婚、恋爱、生子等热度往往只能维持一天或几天
成本属性	创作者将资源投入某一个热点时，能够获得什么好处？对其他主题有何影响？对视频号品牌的建设方面影响有多大？	蹭某个热点虽然可能获得较高的点击量，却会影响垂直性、美誉度，如此热点便不值得蹭

第三步，找到热点切入角度。

在确定好热点后，创作者需要设计切入的角度，只有视频主题完美地契合热点时，用户的代入感才会更强，用户关注的热情才会更高。

具体而言，创作者可以通过"四问法"来确定热点的切入角度。

（1）这个热点反映了什么社会问题，包含了哪些故事？

（2）可以反向解读热点吗？

（3）该热点里面有哪些可以操作的话题？

（4）该热点背后有哪些故事值得挖掘？

创作者可以结合自身所属行业，选择最适合自身的切入口，打造视频主题，搭乘热点快车。

6.3.4 主题积累三法

对视频号创作者而言，只有持续稳定地输出优质短视频内容才能积聚流量，成功打造个人品牌。因此，视频号创作者需要不断积累好的视频主题，才能确保有持续的优质内容输出。在这方面，有三种方法可以供视频号创作者借鉴。

日常积累

日常积累是指从身边的人和事，每天阅读的书籍、文章等入手，只要合适就可以用。比如，资讯类视频号，就可以以"疫情期间，家里人的生活是如何改变的"为切入点，记录家人每天的生活轨迹，再选择合适的主题。比如，可以做一个睡眠时间对比，一般情况下疫情期间容易日夜颠倒，无疫情正式上班时都是早睡早起，然后将之进行对比后，给出一个对比结果，比如熬夜后脸上长痘、出现黑眼圈等各种皮肤问题。

借鉴爆款视频

可以从短视频的爆品中寻找灵感，这一点对于新手来说特别有效。寻找爆款视频的选题规律，然后借鉴爆款视频的选题思路设计出自己的选题。比如之前手指舞特别火爆，有很多爆款视频，那么，我们就可以借鉴热度较高的手指舞的创作方式。

寻找差异

可以关注同类型视频号在过去有哪些比较好的选题，然后从中找出差异点。比如之前有拍小龙虾特别火爆的，这个选题每到夏天都会受到关注。那么，如何做出新意呢？就可以通过扩大范围的方式，比如都是拍小龙虾，他们拍的是簋街小龙虾、长沙小龙虾，但是你可以选择拍国内其他地方的小龙虾。

6.4 确定一个完整的故事主线

一条视频能否吸引用户关注，能不能在用户心中留下深刻的印象，其中有没有完整的故事主线是非常重要的一点。通常来讲，视频的故事线越完整、越有趣，对用户的吸引力就越大；反之，视频的故事线支离、松散，叙述空洞、乏味，对用户的吸引力便会小很多。

6.4.1 "五问法"设计故事主线

视频的故事主线究竟如何设计才更容易吸引用户呢？其实很简单，创作者只需要回答以下的问题即可。

第一，视频主角要经历一个什么样的故事？比如，创作者要拍摄的是一条关于农村生活的视频，那么，这条视频的故事主线可以是"真实的农村是什么样的，有哪些乐趣"。

第二，故事的起因和结果是什么？比如，创作者拍摄了一条关于农村生活的视频，那么，设计故事主线时就要回答"为什么要拍摄农村生活的视频"这个问题。比如，因为新冠肺炎疫情，回家过年的创作者只能暂时在农村老家生活，而有人质疑农村生活是否真的比城市更好，创作者为了回应这个质疑特地拍摄了这条视频。结果就是通过创作者的视频证明了相比于城市生活，农村生活更悠闲、更有趣。

第三，故事的目的和过程是怎样的？创作者在拍摄视频时，设计故事主线的目的是什么？完成这个故事主线需要经历哪些过程？比如，创作者拍摄关于农村生活的短视频的目的是证明农村生活很美好，适合给生活在城市的人解压。为了实现这一目标，创作者就必须将农村为什么更适合生活的原因拍摄出来，清晰地展示在用户眼前。比如，农村的山清水秀的环境、自给自足的劳动场景、怡然自得的下午茶时间。

第四，在实现视频拍摄目的的过程中获得与失去了什么？比如，创作者拍摄关于农村生活的短视频，在农村生活的这个过程中获得了较为舒适的生活环境，彻底放松了身心，而失去的是在大城市生活的便捷以及获取高额劳动经济回报的可能。

第五，故事主角最终成为一个什么样的人？比如，创作者在农村生活了一段时间后，摆脱了抑郁和沉默，变得更加活泼开朗，更愿意和陌生人说话。摆脱了城市里快节奏的生活后，不仅心情愉悦，且身体更加健康。

6.4.2 熟练运用起、承、转、合

有优质故事主线的视频千千万，凭什么你的故事能够大火呢？要让故事主线更加有逻辑性和看点，在设计时需要符合以下四点。

（1）起：在故事发生的开始阶段，需要明确故事主题与目标。比如，剧情是如何开始的、主要矛盾与冲突是如何产生与发展的、主要人物有哪些。

（2）承：在剧情发展过程中，需要角色按照一定的顺序出现来完成各类主线之外的支线任务，化解各种小的矛盾与冲突，简而言之就是先解决次要矛盾，再解决主要矛盾。

（3）转：当角色完成所有细节且解决了次要矛盾时，就把所有线索、

主要矛盾与冲突、重要的剧情任务目标、最终的困难全部展现出来，并聚集到一个点上，在这个过程中会出现剧情反转。就如同情节精彩的警匪片，大家都以为凶手是某个人，但最后的结果却是意料不到的另外一个人。

（4）合：是指通过某个叙事桥段，把整个剧情推向高潮，当一切结束时就完成了整个故事。

比如，创作者想要拍摄一条以爱情为主题的短视频，在确定故事主线时，可以这样设计。

起：男女主人公因为男主出国而分手了。

承：女主与友人聚餐，友人告诉女主，男主已经回来了。

转：女主接到男主的电话，女主很惊喜，但是男主这时候又告诉女主"我在玩真心话大冒险"，女主听了很生气表示要挂掉电话，男主又告诉女主"我选的是真心话，让你来接我回家就是我的真心话"。

合：最后女主微笑，并暗示会去接男主，两人复合。

6.4.3 运用三幕式结构设计主线篇幅

相对于长视频，视频号的视频一般都控制在30秒左右，因为时长的原因，故事内容展示的篇幅非常有限，在这种情况下，谁能在短时间内快速铺展故事主线，谁便能最大限度地吸引用户的眼球。

那么，如何才能更好地快速铺展故事主线呢？在设计时，创作者可以运用三幕式结构，实现在短时间内将精彩的故事展示在用户眼前的目的。

在西方的戏剧创作中，通常使用"幕"作为一个戏剧单位，三幕式结构是最常用的一种创作手法，最早起源于古希腊哲学家亚里士多德，也就是将整个戏剧分为开端、中段、结尾这三幕。

关于三幕式结构在故事叙述中的应用，如表6-10所示。

表6-10　三幕式结构在故事叙述中的应用

名称	解读
第一幕（开端）	内容包含介绍故事中的主要人物、故事开端、故事主题与故事发生的背景。但注意要在结尾预留转折点，留有悬念，方便开启第二幕
第二幕（中段）	承接第一幕的结尾，为故事的进一步发展做铺垫，此时情节进入大转折。创作第二幕时要以"制造矛盾、对立以及冲突"为主要焦点。在一系列矛盾冲突中预留一个转折点，然后进入最高潮的第三幕
第三幕（结尾）	是整个故事的结尾部分，承接第二幕的转折点。此时出现重大转折，然后将整个剧情推向高潮后结束，期间所有人物的命运以及矛盾冲突的事件都得以解决

比如，创作者要拍摄一条关于亲情类的短视频，便可以如此设计主线。

第一幕：介绍男女主的关系和事件背景，女主转走了银行卡里的8万元，男主质问女主因为什么转钱。

第二幕：女主说明转钱的原因，因为母亲生病所以才转的钱，然后男主不同意，要求把钱转回来，否则就分手，女主表示很寒心。

第三幕：男主收到了父亲打来的电话，告诉男主感谢女主把钱转给了自己，男主母亲才能得到及时抢救，男主听后非常诧异，女主以自己离开作为分手预示，此时整个故事结束。

6.5　设计几个高潮迭起的转折点

视频号讲述的故事对用户来说有没有吸引力，取决于故事有没有高潮，转折是否足够强烈。通常来讲，故事高潮迭起，情节富有转折性，作为用户，代入感就较强，与创作者的共鸣便容易产生，自然更愿意主动关注和喜欢该视频号。因此,火爆的视频号的故事必定需要有高潮迭起的转折点。

6.5.1 矛盾冲突是最好的情节

如何让视频更吸引人呢?写小说时让小说好看的诀窍在于将平常的事情写得不平常。同样的道理,拍摄视频时让视频精彩的诀窍在于有针对性地激化矛盾,处理好转折。

为什么有矛盾冲突的视频更易吸引用户的眼球呢?其实很容易理解,矛盾冲突放大了人们的个性,凸显了某种问题,升华了某种情感,引发了用户强烈的好奇心和探索欲。简而言之,矛盾冲突让视频内容在用户眼中更有看点、更有滋味。

视频号"DC笑翻天"的创作者便善于利用矛盾冲突来营造爆笑场景,给予用户超强的愉悦体验。比如,在其发布的视频《必须笑》中,开场便将极致的矛盾场景展现在了用户眼前:一家餐厅内,自称美女的体型超重且画着小丑妆的女士,正在为大家献唱。自称美女和超重、小丑妆,这种强烈的矛盾冲突,营造了一种令人喷饭的喜剧效果。截至2022年1月,这条视频获得了1.8万个赞,被分享2.3万次,如图6-8所示。

图 6-8 视频号"DC笑翻天"发布的视频的截图

6.5.2 强化矛盾冲突三法

视频号创作者要想让自己发布的视频在第一时间吸引用户眼球,就要尽量让自己设计的视频故事具有强烈的矛盾冲突。那么，创作者如何有效地强化视频的矛盾冲突呢？这里有三种方法可以作为参考。

制造有层次的冲突

一个有层次的冲突不仅仅是发生在A角色与B角色之间的冲突，比如正面主角与反面主角之间的冲突，还可以是角色与自己的冲突、角色与命运的冲突、角色与价值观的冲突。

比如，创作者要策划一条反映社会痛点的视频，该视频的冲突不仅可以是发生在视频中受害者与被受害者之间的冲突，还可以是记录这条视频的人的内心冲突，以及记录这条视频的人与其价值观的冲突。这就属于有层次的冲突。

那么，如何制造有层次的冲突呢？以反映社会痛点问题的视频为例，创作者可以采用"三问法"。

第一问：如何展示痛点？视频要将反映痛点的事件说明白，让用户听得懂、看得明白。

第二问：如何挖掘痛点背后的原因？创作者需要分析透彻痛点为什么会出现这个问题，最好是有自己的见解。

第三问：如何才能解决痛点？创作者需要在视频中给出问题的解决方案，帮助用户快速、低成本地解决问题。

制造自我冲突

创作者可以通过赋予角色明确的设定，使人物具备多层次的自我冲突矛盾，让视频更有看点，对用户产生更强的吸引力。

比如，创作者想创作一条关于自己为什么做视频号的视频，如何制造自我冲突呢？方法很简单，将理想和现实对立起来，强化自身的选择困难症以及最终的解决方法。

最初：在大城市工作，虽然挣得比较多，但是天天加班，还买不起房子，渐渐厌烦了大城市生活。

之后：决定回老家发展，但小城市工资普遍较低，无法保证较高的生活质量。

最终：视频号的出现，让我下定了决心，破釜沉舟回到小城市，过上了"日出而作，日落而息"的悠闲生活。因为随着视频号的出现，我可以在工作之余赚外快，所以有了第二收入，既实现了自己的理想，又保证了一定的生活品质。

制造复杂化冲突

一个普通的冲突点是很难起到大的戏剧效果的，所以需要经过巧妙的设计使冲突变得复杂化。就像是香港电影《无间道》中的梁朝伟与刘德华饰演的角色的忠奸问题，一反转再反转，展现出来的一些悬疑剧情让观众一直在谁忠谁奸中徘徊不定，直到电影结束才知晓。试想一下，如果电影一开始的冲突设定就是A角色忠、B角色奸，经过一系列斗争，A角色打败了B角色，这样的冲突剧情就过于简单和老套，观众是不会有继续观看的兴趣的。

6.5.3 用"三丰富"法提炼经典情节

视频情节演绎得越经典，冲突就越激烈，视频对用户的吸引力便越强，视频便越能在第一时间引发用户与创作者的共鸣，激发用户的点赞和分享行为。

那么，如何才能从生活中提炼出经典的情节呢？可以参考一下"三丰富"法。

丰富主干情节，充实主题

创作者在生活中发现某一事件，认为这件事比较完整且具备足够的关注点，对这类事件创作者就不需要进行大的改动，只要根据自身理解与积累对该事件进行充实、丰富即可。

比如，"校园霸凌"这个主干事件，创作者在策划时便可围绕着"霸凌"这一关键词，或采访遭受过霸凌的学生，或分析霸凌背后的社会问题，或以老师的视角提出解决该问题的具体方案。

丰富小情节，聚合大主题

创作者可以将众多小情节加以丰富，之后糅合成一个更有卖点的大主题。我们曾经在不同时间、不同地点见到或者听说许多有趣的人物、事件，但是这些事件虽然有点意思，却又无法形成一个足够引人注目的主题，那么，我们就可以通过加工、改造，将它们综合成一个有机整体。

比如，创作者在农村老家生活了一段时间，在此期间记录了各种农村生活的点滴，这些生活点滴非常有意思，但是单独发布却不能成为一个亮眼的主题。此时创作者便可以通过设定故事主题把相关的视频进行融合。诸如几个农村野外烹煮小吃的情节，将它们糅合在一起，便成为"生活在农村"这个主题中的分支情节。

丰富细节与片段，然后围绕自身观点连接细节与片段

我们在生活中积累了许多生动的细节与片段，但这些细节与片段之间没有直接的因果关系。此时我们就可以采取设定自己的观点的办法，把这些细节与片段连接起来，用以作为自己观点的佐证。

比如，创作者设定了"在农村生活比城市忙碌却幸福"的观点，就可以把之前拍到的一些有关农村自由生活的视频融合起来。茶叶采摘时节，茶农匆匆忙忙赶着去茶山采茶；茶农虽然顶着太阳采茶又忙又累，但是和一起采茶的人洋溢在一片欢声笑语中；采茶结束后，茶农拿着茶叶去售卖，在收到茶款时露出了满足的笑容。把这些小片段融到一起来佐证"农村生活比城市忙碌却幸福"的观点是否很有说服力呢？答案是显而易见的。

6.6 文案秀，一句话吸引用户眼球

一条优秀的视频，除了要有高清优美的画面、吸引眼球的主题和情节之

外,还需要有撩人心魄的文案。很多时候,一篇画龙点睛的文案便能带给用户极致的价值享受,继而牢牢抓住他们的眼球,并大大激发他们分享视频的欲望。因此,视频号创作者想要打造出火爆的视频,做好文案也十分重要。

6.6.1 视频文案的创作步骤

很多创作者在策划视频文案时,总是有种丈二和尚摸不着头脑的感觉,不知道如何下手才好。之所以会出现这种困惑,一般情况下都是由于没有掌握视频文案的创作步骤。

通常来讲,创作者可以通过三个步骤来创作视频文案。

列出视频各项信息

创作者可以先在白纸上或是空白文档中详细列出关于视频的各方面的信息,诸如视频中展现的人物是男是女,性格有何特点,说了什么话,做了什么事情等;要展示的产品有哪些功能,价钱如何,什么类型的人群会用到它,产品的性能怎么样,有什么优势和缺点,适用于哪些场景等。如果视频是一个故事,那么就要思考这个故事想要表达什么观点,针对什么样的人群,寓意何在。

列出目标用户,思考创意

创作者可以将视频的目标用户列出来,在此基础上思考各种能够激发他们兴趣和关注的创意。比如,视频的目标用户是美食爱好者,有可能激发他们关注的创意,除了食物超级好吃之外还有什么呢?是选材省钱还是烹饪过程简单?制作美食的人是五星级酒店的大厨还是民间美食达人?

提炼文案

根据列出的视频内容和用户信息,选择一个最具吸引力的创意,将视频的特点等信息转化成用户看得懂而且极易戳中其内心的文字。比如,"五星级酒店大厨教你做家常菜"这个创意,通过强化创作者的职业身份提升视频的价值感,吸引美食爱好者观看,提炼出来的视频文案可以是这样的:

"五星级酒店大厨教你做家常菜,不值钱的大白菜瞬间变成能养生的'富贵菜'"。

至此,一篇文案的大致工作就可以说是完成了。如果创作者对文案的表达不满意,还可以修改文字、调整顺序等。

视频文案的创作步骤如图6-9所示。

3 提炼文案
2 列出目标用户,思考创意
1 列出视频各项信息

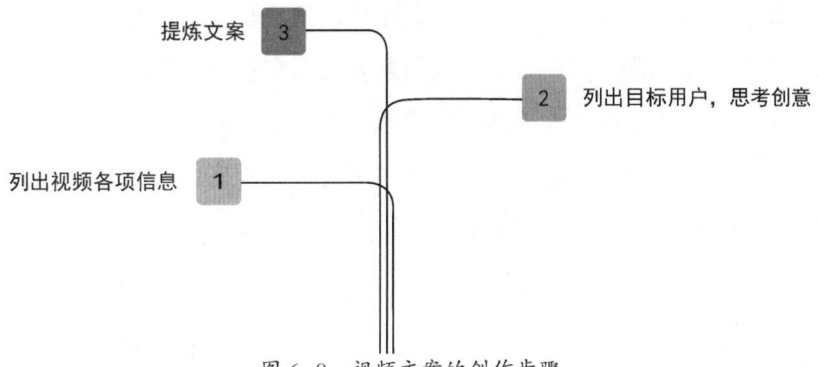

图6-9 视频文案的创作步骤

这三个步骤虽然看上去简单,但是文案中的创意其实是最难的。那么,如何根据目标用户找到合适的创意呢?创作者可以在目标用户喜好的基础上,灵活运用三种方法来挖掘创意,如图6-10所示。

当然,想要挖掘出足够优质的创意,创作者需要不断地积累专业知识,并对事件本质进行深度思考和挖掘,只有这样才能收获更多

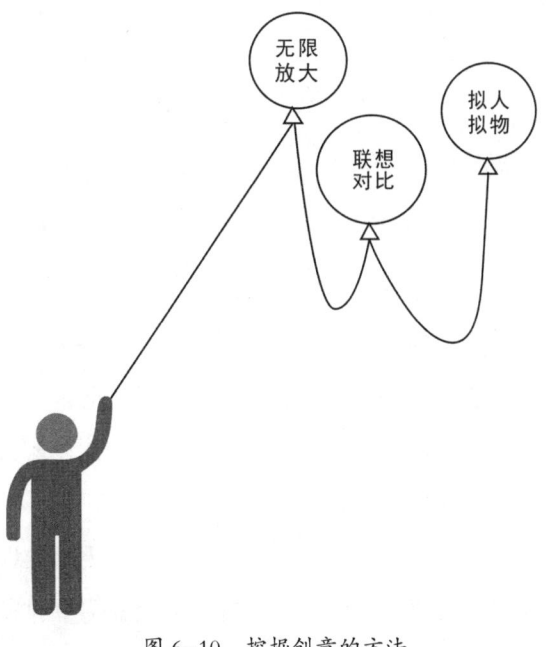

无限放大　联想对比　拟人拟物

图6-10 挖掘创意的方法

新奇、别致的点子，创作出吸睛的金句。

6.6.2 打造四个文案引爆点

对创作者而言，掌握了视频文案的创作步骤，是不是就可以打造出播放量超过十万次甚至百万次的视频来呢？当然不是，想要打造出爆款视频，文案除了要"能看"之外，还需要考虑到一个问题，那就是：如何实现引爆。要知道视频文案的最终目的是吸引尽可能多的用户观看视频，引导他们进行点赞、分享，让更多的人关注这个视频号，进行信任背书。

那么，什么样的文案才能顺利实现引爆呢？通常来讲，有引爆功能的文案都具备相应的触点，也就是引爆点，如图6-11所示。

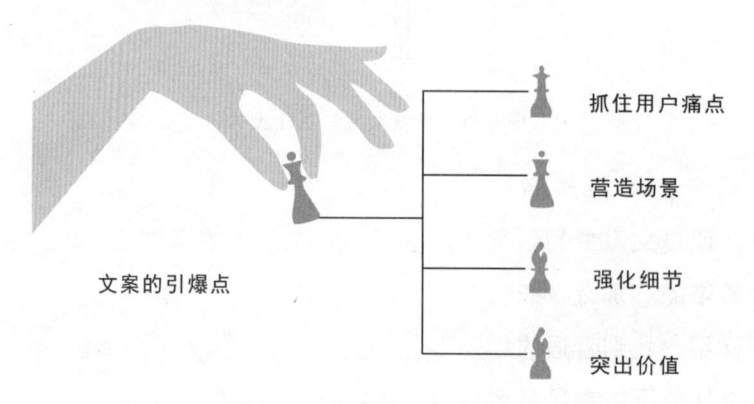

图 6-11　文案的四个引爆点

引爆点一：抓住用户痛点

所谓的"痛点"，是指用户一直渴望得到却不能获得的事物或者一直备受困扰却无法解决的问题。对创作者而言，视频文案只有抓住了痛点，才能精准地触达用户，吸引他们关注，如此才能持续拨动用户的心弦，粉丝转化率自然便会提高。

那么，在设计视频文案时，如何更精准地抓住用户的痛点呢？在具体操作时，创作者可以用两种方法来挖掘用户的痛点，如表6-11所示。

表6-11 用户痛点的挖掘方法

方法	解读	举例
站在用户的视角思考	找痛点不能凭空想象，要站在目标用户的视角，从用户视角想一想他们密切关注的是什么	十几岁的年轻人密切关心的是如何提升学习成绩
进行充分的用户调查	创作者需要了解目标用户喜欢何种类型的视频，迫切需要解决的问题是什么，做到知己知彼	通过微信、私信等渠道了解大学生关注的问题

引爆点二：营造场景

很多时候，视频号内容吸不吸引用户，和展现的场景有很大关系：一个具体的使用环境能让用户更直观感受到视频的特性。比如，创作者在视频中分享自己使用过的一款化妆水，那么，在文案中就应该聚焦女性使用化妆水的场景，比如在和爱慕的男生约会时，一起去旅行时，或者和同学、同事聚餐时等，使用了这款化妆水。这个时候，用户通过这些场景，便能直观地感受到这款化妆水的与众不同，意识到它的使用价值，对其便会生出更高的期待，分享视频的积极性也会变高。

创作者可以用三种场景来提升视频文案对用户的吸引力，如表6-12所示。

表6-12 提升视频文案吸引力的三个场景

场景	解读	举例
搞笑场景	许多用户对搞笑的场景天生没有免疫力，他们崇尚愉悦，喜欢幽默，乐于展示个性和自我	同学间、师生间幽默互动的场景，亲人间幽默对话的场景
恋爱场景	许多用户对爱情有着很高的关注度，一方面觉得爱情神秘，一方面又想着尝试	和"女神"第一次对话的场景，地铁上的惊艳一瞥等
精进场景	对许多用户而言，学习是一个如何也避不开的话题，因此学习精进场景对他们有很强的吸引力	考试失利之后"头悬梁"深夜苦读的场景

引爆点三：强化细节

很多时候，对细节的聚焦能够显著提升视频的品质，使其在用户眼中变得更精致、更有看点。因为具体到细节的情节描述能让视频特性更为直观，让视频人物看起来更为真实可信，能让用户通过文字的引导，接收到视频里的更多信息。

在具体操作时，创作者可以通过三种方法来强化对视频人物细节的刻画，如表6-13所示。

表6-13　强化对视频人物细节的刻画的方法

方法	解读	举例
聚焦神态细节	具体描写人物神态上的细节变化，突出人物在某种场景下的心理变化	门"砰"的一声被踹开，正在打游戏的他吓得面如土色
聚焦动作细节	通过对动作细节的描写，强化人物性格特征，刺激用户产生共鸣	考了100分的他左手捏着卷子，右手提着书包，迈着六亲不认的步伐
聚焦语言细节	通过聚焦人物语言细节，营造欢快、幽默、焦虑等氛围，吸引用户关注	她一开口山东味十足，一句"俺饿了"把大家都逗得笑翻了过去

引爆点四：突出价值

视频可以为用户带来什么价值，为他们的生活和工作带来哪些积极的改变？在这个信息爆炸的时代，用户关注的往往都是对他们具有一定价值的信息，对"与己无关"的信息则不会看一眼。因此，创作者的视频文案需要一开始便阐明视频的价值，让用户明白他们可以通过视频获得何种好处。

比如，在视频号上有一条教大家如何系出漂亮鞋带的视频，不管是观看数还是点赞数，都超过了10万，这条内容看似平淡无奇的视频为什么可以火起来？因为它的文案很有引导性，"穿裙子这么系"，简单的6个字，给用户带去了一种隐形的暗示，即鞋带系得美，搭配出来的裙子也会显得更美，整体造型就会加分，那么约会时，就会更加靓丽，在人群中也会更突出……

第 7 章

拍摄： 小手机拍出大片效果的六大技巧

同样的一个人，使用的手机不同，拍摄的角度不同，构图不同，运镜不同，光线运用不同，拍摄出来的视频的效果便大不相同，对用户的视觉冲击自然也就不一样了。因此，视频号创作者在做好内容策划的同时，还需要掌握一定的拍摄技巧，学会用小手机拍出大片效果。

7.1 掌握技巧拍出高清画质

足够高的清晰度是视频具备吸引力的基础保证，视频画面越清晰，给予用户的视觉美感和冲击力就越强烈，用户对之便越喜爱，很难想象一条模糊不清的视频能够激发用户强烈的观看欲望。因此，想要视频火，视频号创作者需要确保视频画面拥有较高的清晰度。

7.1.1 正确设置手机像素

很多时候，创作者拍摄的视频画面之所以看起来模糊，很可能的一个原因是使用的手机出了问题：手机本身像素不高或者是手机像素设置不够合理。手机像素不高，创作者需要更换高像素手机；手机像素设置不合理，则可通过更改设置拍出清晰视频。

苹果手机和安卓手机的像素设置方法不同，设置方法分别如下。

（1）苹果手机像素设置方法：有两种，一种是打开设置—相机—保留正常曝光的照片；另一种是打开设置—相机—录制视频—选择1080P，30fps/60fps。

（2）安卓手机像素设置方法：打开相机—录像—设置—分辨率—调整到1080P，如图7-1所示。

图 7-1　小米手机相机录像设置界面

需要注意的是，用手机录像时，并非选择的分辨率越高越好，比如选择4K或者8K，因为分辨率太高，系统会压缩文件，上传视频号后，相比于1080P，画面看起来反而更加模糊。

7.1.2 正确使用摄像功能

拍摄出来的视频不清楚，除了有手机像素的原因以外，还有可能是创作者在拍摄时未正确使用相关摄像功能导致的。因此，视频号创作者在使用手机拍摄短视频时，需要正确使用相应功能，这样才能确保短视频画质清晰。

智能HDR

苹果手机的"智能HDR"功能，是在主屏幕进入"设置"项下"相机"界面的一个子选项。HDR的中文含义是"高动态范围图像"，它可以克服相机传感器动态有限的缺点，将图片色彩调控在人眼能识别的范围之内，将多张曝光不同的照片叠加处理成一张精彩绝伦的图像。

创作者在拍摄前，应当关闭"智能HDR"功能。假如在拍摄前开启"智能HDR"功能，HDR功能将是全自动的，光比足够大的时候会自动触发HDR模式，光比不够大的时候往往会出现不能触发HDR模式或触发HDR模式后拍摄效果不理想的状况。另外，在其对应的拍照界面不提供HDR选项，导致不能手动调节，拍摄会变得较为被动，遇到需要人为干预的场景时，拍出的视频往往会过度曝光、偏色、反光，继而导致画面模糊。

变焦和美颜

使用变焦往往会导致画面清晰度下降。因此，创作者在拍摄短视频时最好不要使用变焦拍摄。另外，在拍摄时开启美颜功能，也会导致画面清晰度下降，创作者可以在后期剪辑时再加上美颜效果。

7.2 巧妙构图拍出电影级大片

巧妙的构图能够有效吸引用户视线，不仅可以让画面看起来更有层次，而且还更易于表达出创作者想要表达的情绪。因此，在拍摄短视频时，创作者需要根据主题、人物性格、景色等，进行巧妙构图，这样才能拍摄出电影级别的大片。

7.2.1 中心构图法

所谓的"中心构图法"，是指创作者在拍摄视频时将人物或物体置于画面中间的构图方法。中心构图法的优点主要有三个，如图7-2所示。

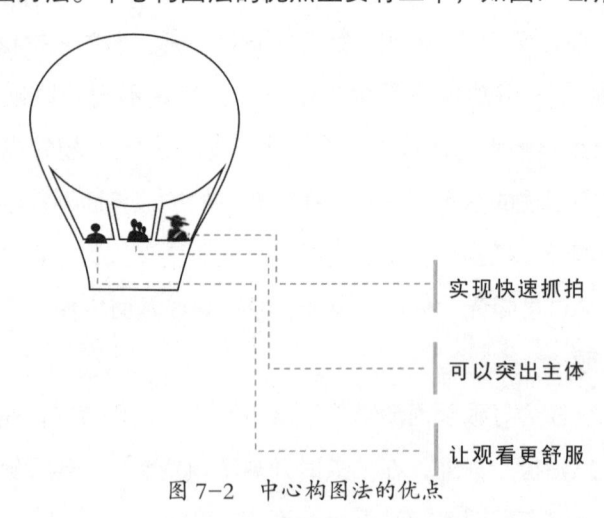

图 7-2 中心构图法的优点

- 实现快速抓拍
- 可以突出主体
- 让观看更舒服

采用中心构图法时，创作者需要注意两点，如表7-1所示。

表7-1 采用中心构图法的注意事项

注意事项	解决措施
避免画面或背景凌乱	可以选择简洁或是与主题反差较大的背景，强化内容主题。如果没有简洁的背景，就采取大光圈或长焦距，或是使用背景模糊功能，让主体从画面中凸显出来
避免画面呆板沉闷	拍摄时，创作者可主观制造一个焦点，比如使用光影、景深、线条、黑白等技巧，确保画面的灵动

比如，视频号"一禅小和尚"在讲述情感关系时，其视频便运用了中心构图法——为了突出主体，视频号创作者始终让小和尚处于镜头的中心位置，利用小和尚的嘴讲述了"先好好爱自己才有余力爱别人"的主题，如图7-3所示。

7.2.2 三分构图法

三分构图法是视频号创作者最常用的一种构图方法，是根据黄金分割产生的简易分割，来进行拍摄，画面很容易达到平衡，看起来更加舒服。

三分构图法是把一个区域作为中心，通过让分割线和目标重合，让镜头画面更协调。当前绝大多数手机都设置了九宫格辅助构图线，适合拍摄各种题材，特别是风景、人物，如图7-4所示。

图7-3 视频号"一禅小和尚"发布的短视频截图

很多视频号创作者认为三分构图法操作简单，并不需要特别学习，其实不然。若想要利用这种方法拍摄出大片效果，还是需要掌握一定的技巧。

图 7-4 使用三分构图法拍摄的视频

第一，人物拍摄。在使用三分构图法拍摄人物时，创作者可利用分割线将镜头画面"上""中""下"或是"左""中""右"三等分，这样拍出来的视频便能让用户的注意力自然而然地落在画面的三分之二处，比起中心构图法，更个性化，更有吸睛效果。

第二，风景拍摄。将画面三等分，让主体处于镜头的远景中，如此一来前景与中景便不会有视线干扰，继而使得整个画面富有层次感和纵深感。

7.2.3 框架式构图法

框架式构图法，是指将选定的画面利用框架框起来的构图方法，其主要优点是能够在第一时间聚焦，引导用户注意框内人物或景物。另外，框架式构图法还会给予用户一种窥视感，让整个画面看起来更加神秘，继而显著增强视频对用户的吸引力。

在拍摄视频时，创作者可以留心观察周边环境，找到能用来搭建框架的元素，比如说经典的门窗、栏杆、锅碗、树丛、墙上的洞，又如雨雪、雾气，甚至是非实体的光影，都可以发挥框架的作用。

比如，视频号"鱼子酱t"发布的一条美食类短视频，便采用了框架式构图法：一口炒锅占据了大部分镜头，从最初的煮面到烹制配菜，都在锅内完成，视觉冲击力更强，更聚焦，如图7-5所示。

图7-5 使用框架式构图法拍摄的视频

通常来讲，在三种情况下，使用框架式构图法可以让拍摄的视频拥有更好的视觉效果。

（1）天空"无趣"。假如创作者在旅游途中遇到万里无云的大晴天，就可以找一片树丛，将其作为前景框架，透过它来拍摄，遮挡住单调乏味的纯色天空，如此一来，就可以让视频产生较好的视觉效果。

（2）画面缺少层次。如果视频画面缺乏层次，没有空间纵深感和立体感，就可以使用框架式构图法，为画面增加层次。

（3）有干扰物。当画面中出现很多干扰物时，就可以利用框架选择性地将干扰物遮挡起来，以便突出主体。

7.2.4 垂直构图法

所谓的"垂直构图法",是指在取景拍摄时,利用画面中的垂直线条元素来构建画面的构图方法。垂直线条往往会给予用户一种稳定、安静的视觉感受,而将垂直线应用到视频构图中时,拍出来的视频画面便会具备高耸、挺拔、庄严、稳重、硬朗的感觉。

垂直构图法适合拍摄本身便有较强垂直特点的景物,诸如高山、建筑物、树木、人物等,如图7-6所示。

这里需要注意的是,在使用垂直构图法拍摄不同对象时使用的技巧也不同。

第一,拍摄建筑物。拍摄高大的建筑物时,创作者可以直接根据建筑物的线条走向进行拍摄,这样就可以清晰、直观地展现出建筑物的高耸。

第二,拍摄树木。拍摄时,创作者可以拍摄单一主体,也可以拍摄整片树林,但在拍摄整片树林时需要特别注意画面的和谐感。

第三,拍摄人物。配合简单的背景来使用垂直构图法,这样可以让用户的视线更多地停留在画面的主体之上。

图 7-6 使用垂直构图法拍摄的视频

7.2.5 三角构图法

三角构图法,是指以三个视觉中心为拍摄对象的主要位置,三点连线形成一个三角形的构图方法，如图7-7所示。

构成三角形的可以是不同的视觉元素，也可以是同一个视觉元素，本身具有三角形的轮廓。其构图可以分为三种。

第一，正三角形构图。因为底边接近水平，而重心落于底上，会给人一种平衡、稳定的观感，适合拍摄静态的、正三角形状的古建筑，比如天坛、金字塔。

第二，倒三角形构图。与正三角形构图相反，倒三角形构图的重心落在尖部，其形态多样，适合拍摄处于运动状态的画面，常用于运动领域的拍摄。

第三，斜三角形构图。是指倾斜度不太大的倒三角，可静可动，运用起来较为灵活。

图 7-7 使用三角构图法拍摄的视频

7.3 巧用不同视角和景别打造差异化视觉

拍摄视频时，镜头的视角不同，景别的选择不同，拍摄出来的画面视觉效果便会不同，给予用户的美感自然便不同。好的镜头视角和景别，能够无限地放大人物的形象和景物的特色，继而吸引用户持续观看和分享。

7.3.1 拍摄高度和方向决定视频效果

拍摄视频时，镜头选择的高度和方向不同，拍摄出来的画面视觉效果差别会很大。比如，拍摄美妆视频，平摄和俯摄产生的视觉效果的差别就是非常大的，给用户带来的视觉感受也是不一样的。因此，视频号创作者在拍摄时，需要结合视频主题和所要展示的人物个性，采用合适的拍摄高度和方向。

手机或摄像机和被拍摄对象之间在高度上的差异能够营造出不同的视觉效果。因此，创作者可以根据预想的视觉效果灵活调整手机或摄像机的高度，以拍摄出对目标用户更有视觉吸引力的画面。

平摄

平摄是指手机或摄像机和被拍摄对象处于同一水平线。这种拍摄视角和人们日常生活中观察事物的视角一致，所拍摄的对象在形象上看起来更加饱满，不容易变形。这里需要注意的是，如果平摄视角运用得过多，那就很可能会让拍摄的视频显得比较呆板。

平摄可以分为三种类型，如表7-2所示。

表7-2 平摄的类型

类型	解读
正面平摄	镜头光轴与被拍摄对象"面对面"，利于展示被拍摄对象的外在之美
侧面平摄	从与被拍摄对象视平线成直角的方向进行拍摄，展示其侧面特点
斜面平摄	介于正面和侧面之间的拍摄视角，可以让被拍摄对象看起来更有立体感

仰摄

仰摄，即所谓的"仰拍"，是指在拍摄视频时，手机或摄像机从低处向上拍摄。仰摄视角适合拍摄高处的人或景物，能够让被拍摄的人或景物看起来更加高大、雄伟，凸显其高度和气势。

因为透视的关系，仰摄会使得画面中水平线降低，前景和后景中的人或物在高度上的对比会随之发生变化，从而使得处于前景的人或物被突出和夸大，最终制造出强烈的视觉冲击效果。

俯摄

俯摄，即所谓的"俯拍"，是指拍摄视频时，手机或摄像机从高处向下拍摄。俯摄的视角能够让视频的视野看起来更加开阔，经常用来表现浩大的场景，展示事物的方位和阵势。俯摄出来的画面往往会给用户一种居高临下的、深远辽阔的感觉，如图7-8所示。

7.3.2 善用景别增强视频感染力

景别是指手机或摄像机和被拍摄对象距离的不同而造成的被拍摄对象在镜头画面中所呈现出来的范围大小的区别。

图7-8 俯摄视频画面

影响景别的因素主要有两点，如表7-3所示。

表7-3 影响景别的因素

影响因素	解读
距离	手机或摄像机与被拍摄对象距离远，景别就大；距离近，景别就小
焦距	手机或摄像机的焦距越大，景别越小；反之，焦距越小，景别越大

大远景

大远景主要以空间景物为拍摄对象，目的在于通过表现其范围和广度来渲染事件的规模和气氛，表现多层次的景物。通常来讲，创作者可以在视频的开头和结尾采用大远景，交代大环境，增强代入感，如图7-9所示。

图 7-9 大远景视频画面

远景

远景主要以景物为拍摄对象，表现人物和环境的关系以及所处的具体位置。相比于大远景，远景在造型上更强调空间的具体感和人在其中的位置感。另外，远景还具备较强的叙事能力，能够更加明确地交代空间信息。

具体而言，远景在视频中的作用主要有三种，如图7-10所示。

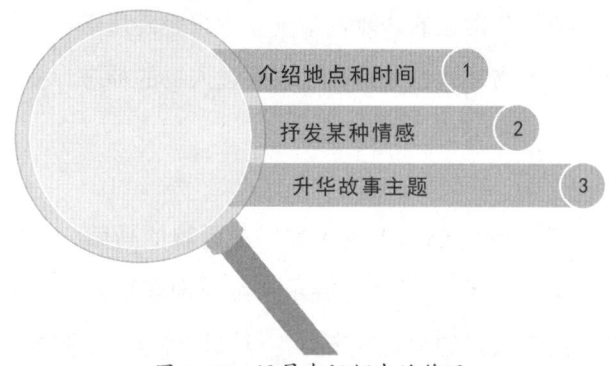

1. 介绍地点和时间
2. 抒发某种情感
3. 升华故事主题

图 7-10 远景在视频中的作用

这里需要注意的是，在拍摄远景时，创作者需要尽量避免顺光，最好采用侧光或侧逆光，这样做能够显著提升景物的层次感和表现力。

全景

全景主要用来表现被拍摄对象的全貌或者被拍摄对象的全身，同时还会保留一定范围的环境和活动空间，如图7-11所示。

运用全景拍摄时，被拍摄对象的形态可以在镜头中被完整地呈现出来，既能展示人物外貌、动作，又能交代人物所处的环境，视频的叙事信息相对比较丰富。

中景

中景是指取人物膝盖以上的景别，或者表现局部场景的画面，如图7-12所示。

使用中景拍摄既能交代环境，又能表现人物主体的形态和表情，暗示人物之间

图 7-11 全景视频画面

的关系，属于叙事性非常强的功能性景别。中景经常用于记录人物活动，适合交代故事情节和人物之间的关系，可以通过人物的神态、姿势等，表现人物的内心活动。

近景

近景是指表现人物胸部以上或景物局部面貌的画面，被拍摄对象处在视频画面中的绝对中心点。近景主要用来细致地表现人物的精神面貌或物体的主要特征，具有较强的视觉冲击力，可以让观众产生强烈的交流感，如图7-13所示。

图7-12　中景视频画面　　　　图7-13　近景视频画面

7.4 善用运镜提升视频氛围

所谓"运镜",是指通过手机或摄像机的连续运动拍摄出来的运动镜头。熟练运镜是拍出大片效果的基础,运镜做得好,能够显著提升视频氛围,渲染某种强烈的情绪,让视频在用户眼中更有味道、更有个性。

7.4.1 前推运镜

前推运镜主要是利用手机或摄像机的前移或者变焦来完成。创作者手持手机或摄像机逐步靠近被拍摄对象,使得被拍摄对象逐渐从远景、中景到近景,甚至是特写。这种运镜方法非常容易突出主体,让用户的视觉逐步集中。

在实际操作时,创作者可以通过两种方式来完成前推运镜,如图7-14所示。

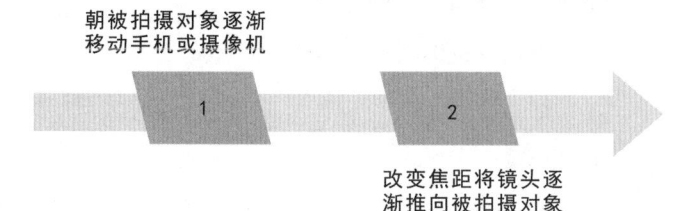

图7-14 前推运镜的两种方式

在使用前推运镜拍摄时,创作者需要注意两个问题。

一是稳定性。在向被拍摄对象移动时,创作者需要确保手机或摄像机的稳定,尽量使用稳定器和三脚架,以确保拍摄画面稳定和流畅。

二是聚焦性。在推进过程中,创作者需要保持被拍摄对象在镜头画面中的主体位置，如此才能保证画面主题意义被完整呈现，同时也能保证用户的视点是一直在跟随镜头移动的。

7.4.2 后拉运镜

后拉运镜正好和前推运镜的使用方法相反，创作者在拍摄时，使手机或摄像机逐渐远离被拍摄对象，让用户产生正在逐步离开被拍摄对象的感觉。

后拉运镜拍摄出来的画面是从局部到整体，让被拍摄对象在镜头后移过程中重新融入一个新的背景，同时向观众交代主体和环境之间的关系。

后拉运镜有两种拍摄方式，如图7-15所示。

手机或摄像机沿直线远离被拍摄对象

焦距由长变短

图7-15 后拉运镜的两种拍摄方式

在运用后拉运镜拍摄视频时，创作者需要注意三个问题。

第一，与推镜头相同，拉开过程中需注意保持主体在画面中心的位置。

第二，控制好画面拉开后的视线范围。

第三，把控好后拉镜头的速度与节奏。

7.4.3 移动运镜

所谓"移动运镜"，是指按照一定的方向左右或上下移动镜头，成像效果类似于生活中边走边看的流动视觉效果。移动运镜拍摄出来的画面空间相对较完整、连贯，随着手机或摄像机的不停运动，用户的视点也会发生改变，同时移动运镜还可以扩展画面的空间容量，造成画面构图的变化，尤其是在与物体同时运动时，环境的变化可以形成强烈的流动视觉效果。

在运用移动运镜时，创作者可以手持手机或摄像机向左、向右、向前和向后进行水平移动。

移动运镜拍摄时,为确保视频效果,创作者需注意三个问题。

第一,移动速度要均匀,并与所拍摄的剧情内容吻合。

第二,确保与被拍摄对象的距离始终相等,以保证被拍摄对象在镜头画面中的稳定感,画面不会忽大忽小。

第三,拍摄时尽量使用广角镜头,并保证被拍摄对象始终处于镜头画面的中心位置。

7.4.4 摇转运镜

摇转运镜是指在拍摄视频时,手机或摄像机的机位不变,只有机身上下、左右旋转运动的运镜方式。

摇转运镜可以分为两类,如表7-4所示。

表7-4 摇转运镜的类型

类型	解读
快摇镜	机身运动速度相对较快,用户只能看到开始与结束时的画面,常用于强调开始与结束的关系。同时,快摇镜头还能营造出突然、意外、刺激等视觉效果
慢摇镜	机身运动速度相对较慢,可强化期待感,烘托情绪与氛围。通常来讲,一个完整的摇转镜头由三个部分组成,即起幅、摇动和落幅

在运用摇转运镜拍摄视频时,创作者需要注意三点,如图7-16所示。

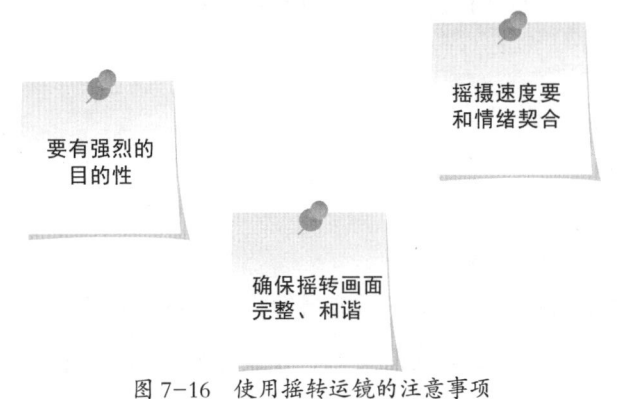

要有强烈的目的性

摇摄速度要和情绪契合

确保摇转画面完整、和谐

图7-16 使用摇转运镜的注意事项

7.4.5 跟随运镜

所谓"跟随运镜",是指在拍摄视频时手机或摄像机始终跟随被拍摄对象的运镜方式。运用跟随运镜,创作者可以持续聚焦于运动中的被拍摄对象,既能强化被拍摄对象的特点,还能交代其运动方向、速度、体态等。更重要的是,跟随运镜能够营造出较强的代入感,让用户感觉自己置身事件之中,成为目击者和参与者,继而对用户产生更加强烈的吸引力。

跟随运镜可以分为三类,具体如表7-5所示。

表7-5 跟随运镜的类型

类型	解读
前跟	创作者从被拍摄对象的正面进行拍摄,和被拍摄对象同步向前或向后移动
侧跟	创作者手持手机或摄像机从被拍摄对象的侧面进行拍摄,和被拍摄对象同步移动
背跟	创作者从被拍摄对象的后面跟随拍摄,和被拍摄对象同步移动

创作者在运用跟随运镜拍摄视频时,为了取得最好的视频效果,需要注意三点,如图7-17所示。

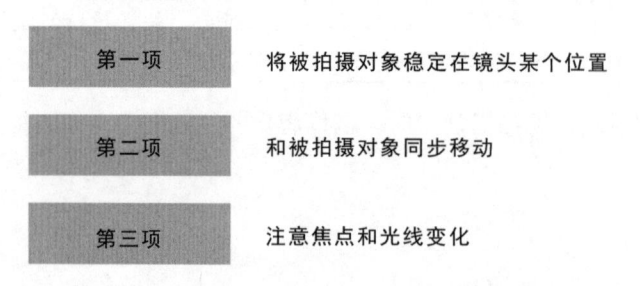

第一项	将被拍摄对象稳定在镜头某个位置
第二项	和被拍摄对象同步移动
第三项	注意焦点和光线变化

图7-17 运用跟随拍摄时的注意事项

7.4.6 升降运镜

升降运镜,是指通过升降手机或摄像机来扩展或收缩镜头画面的运镜方法。升降运镜会通过视点的连续变化形成多角度、多方位的视觉冲击效果,个性十足，能够对用户产生较大的吸引力。

具体而言，创作者通过升降运镜可以实现三大视频效果，如表7-6所示。

表7-6 升降运镜可以实现的三大视频效果

效果	解读
放大局部	通过手机或摄像机的升降，来放大被拍摄对象的局部细节，使其更具魅力
强化气场	通过升降镜头，渲染更大的规模和更强的气场，令场面更具视觉冲击效果
转换内容	实现一个镜头内的内容转换和调度

在具体拍摄时，创作者可以根据剧情需要灵活采用四种升降运镜方式，如图7-18所示。

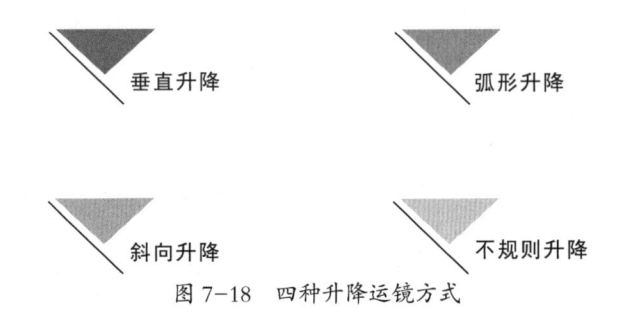

▼ 垂直升降　　　　▼ 弧形升降

▼ 斜向升降　　　　▼ 不规则升降

图7-18 四种升降运镜方式

7.5　巧布光线营造大片效果

光线的利用是拍好视频的基础，是营造大片效果的重要因素。一方面，光线在很大程度上影响着视频的清晰度，比如，逆光拍摄的视频便不如顺光拍摄的视频清晰；另一方面，光线的明暗变化可以营造更绚丽的画面效果，渲染更强烈的情绪，使得视频看上去更具大片感，从而对用户产生更强烈的吸引力。

7.5.1 分清主光、辅助光、背光和侧光

为什么拍电影、拍电视剧,甚至是录综艺节目时都要强调补光?其实就是因为如果光线不足的话,会导致整个视频画面变得非常暗沉,而没有亮度感的画面自然没有高清画质。创作者要想拍出清晰的大片一般画质的视频,也需要合理利用光线。

主光

在拍摄视频时,主光是场景中最基本的光线,其他的灯光在场景中都只能起到辅助作用。只有主光运用得当,创作者拍摄出来的视频才会更具视觉冲击力。

通常来讲,创作者在拍摄视频时,可以灵活选择两类光线作为主光,如表7-7所示。

表7-7 主光的类型

类型	解读
自然光	自然光是较好的主光线,它时而明亮强烈,时而暗淡柔和;色调有时温暖,有时冷峻幽暗;有时笔直照射,能够制造出长长的影子,有时漫射,使得阴影无处躲藏。创作者可以利用自然光构建良好的光影拍摄场景,为视频营造出极具冲击力的视觉效果
柔光灯箱光	通常,室内拍摄现场所使用的主光都是由柔光灯箱发出的,因为这种光线相对而言较为均匀,控制起来比较方便,因此经常被用来照出被拍摄对象的轮廓

辅助光

所谓的"辅助光",是相对于主光而言的,是起到辅助作用的光线。辅助光的创建相对而言比较容易,比如,亮着的手机屏幕就可以作为辅助光源。辅助光在视频拍摄中的作用是对主光造成的阴影进行补充照明,从而使得视频中的人或物的阴影变得浅淡,看起来更舒服,更具艺术感。

辅助光源一般都放置在与主光源相反的一面,在亮度上要比主光源弱。

为了方便，辅助光源可以固定在天花板或者是墙上，之后通过调整输出功率的方法来控制阴影的深浅。

背光

背光是从被拍摄对象的侧面或者后面照射过来的光线。熟练运用背光，可以有效地塑造视频中的人或物的立体感，让被拍摄对象更加突出。

在大多数情况下，被拍摄对象都会和背景拉开一定的距离，这就使得背景比被拍摄对象距离光源更远。因此，背景的亮度相对于被拍摄对象而言往往会更暗淡。假如在这种情况下直接进行拍摄，那么，在最终拍摄出来的视频中，被拍摄对象看起来就如同融入黑暗的背景之中，没有任何的立体感。但如果能设置好背光，那么，视频中的人或物的轮廓就能够完美地呈现在用户眼前，会更具立体感。

在拍摄时，创作者可以通过两种方法来设置背光，如表7-8所示。

表7-8　背光的设置方法

设置方法	解读
利用太阳光	在拍摄过程中，创作者可以让被拍摄的人或物处于太阳前，利用太阳光作为背光，让被拍摄对象更具轮廓感和线条感
从侧面或背面照射	假如没有太阳光可以利用，创作者还可以使用灯光，从被拍摄对象的侧面或者背面进行照射，构建出背光

侧光

所谓"侧光"，是指来自被拍摄对象两侧的光。利用侧光拍摄，可以让被拍摄对象在视觉上产生明显的明暗对比——被拍摄对象的受光面会十分清晰，背光面则会产生明显的阴影效果。因此，侧光非常适合营造戏剧般起伏的心情和明暗对比的画面。

侧光经常被用于拍摄层次分明、立体感强烈的物体。拍摄时，摄像机的拍摄方向和光线投射方向需要呈90°角，因为这个角度能够更好地展现被拍摄对象在光线下的明暗对比，从而营造出极富立体感的视觉效果。

7.5.2 三种光源条件下的拍摄方法

拍摄视频时，光源条件往往并不是固定的，特别是在室外环境中，光线随时随地都在发生变化。在这种情况下，想要拍摄出高品质的视频，创作者就需要掌握在不同光源环境中的拍摄技巧，以充分利用光线来为视频添彩。

实景现有光

所谓"实景现有光"，是指白天太阳照射的光线或是实景内原有的光源设备发射出来的光线。在这种环境中，视频号创作者想要拍摄出如大片一般的视频，光线必须满足两大条件，如图7-19所示。

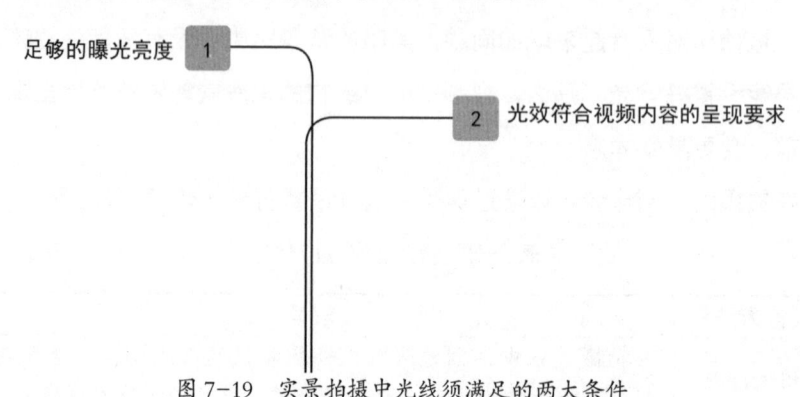

```
1  足够的曝光亮度
2  光效符合视频内容的呈现要求
```

图7-19 实景拍摄中光线须满足的两大条件

为了最大限度地满足这两大条件，拍摄出更好的视频效果，视频号创作者需要注意四点。

第一，选景时必须注意建筑物的结构与室外环境。

第二，室内拍摄，尽量选择门窗大而多的地点。

第三，室内拍摄时的背景颜色最好选择浅色系。

第四，室外拍摄时的环境需空旷且有足够的光线照射。

人工修饰光

如果在拍摄时亮度和环境光效都符合条件，但是局部效果还需要通过光线进行调节，那么，这时就需要通过人工干预来对局部进行照明以确保达到最佳拍摄效果。

人工光线只是起到辅助的作用，用光方式还是以自然光线为主。比如，在拍摄某人物走在城市街道的画面时，夜景的光线是符合需求的，但如果需要突出人物，创作者就可以通过打光板或是直射灯把光线投射到人物身上，达到人物比周边环境更明亮，更能吸引用户注意力的效果。

人工再现光

是指当现有光线不符合拍摄要求时，就要通过人工模拟的方法再现自然光线。比如，房间狭小，只有一面墙上有个小窗子，其窗外的光无法直接照射到被拍摄对象的位置上，这种情况下拍摄出来的效果必然是十分的呆板沉闷，视频画质模糊不清，人物细节模糊。这种情况就需要采用人工再现光重新布光。比如，可以用聚光灯加薄柔光片来模拟阳光，作为室内拍摄的主光，再用散光灯来加强室内散射光线作为辅助光。

7.5.3　五种不同角度的布光方法

在封闭环境中拍摄视频，布光将直接影响到视频的画质和情绪表达。因此，有经验的视频号创作者会根据主题和剧情需要进行布光，利用光线营造更强烈的视觉冲击和情绪引爆点，给予用户更好的视觉体验。

具体而言，创作者可以根据剧情需求灵活选择五种不同角度的布光方法，如表7-9所示。

表7-9　五种不同角度的布光方法

方法	解读
正面布光	灯光从人物的正前方照射，此时产生的阴影最少，可以使人物的五官相对更加平面化，并且能够突出人物的正面形象
正上方布光	从人物头顶的正上方向下打光，此时除了头发、额头、鼻梁之外，其他部位都被隐藏，这种拍摄方式因为缺少眼神交流与沟通，人物情绪被隐藏，适合制造神秘感
正下方布光	从人物的正下方往上打光，此时可以看到人物的鼻尖与下巴，会显得人物阴森恐怖，适合拍摄惊悚画面

（续表）

方法	解读
后方布光	从人物的正后方进行打光，可以突出主体的轮廓，但因为看不到人物的脸，所以一般需要配合其他灯光使用，但适合拍摄有背影需求的拍摄内容
45°布光	从人物前方45°侧面打光，被拍摄者正对或侧面面向镜头。光线在照亮脸部的同时，更多的阴影能呈现出来，形成两边脸的轻微反差，艺术性较强

7.5.4 三种基础布光技巧

如何才能通过布设光线营造出视觉效果更好的场景，继而拍摄出如大片一般的视频呢？其实，想要利用光线的变化把视频拍出大片一样的效果，视频号创作者只需要掌握三种基础布光技巧即可。

蝴蝶光

所谓"蝴蝶光"，从某种意义上说就是斜顶光。布光方法是主光源在镜头光轴上方，即人脸部的正前方偏上，由上向下以45°角投射到人物的面部，投射出一个鼻子下方的阴影，类似蝴蝶的形状，让人物脸部看起来更有层次感。

具体而言，蝴蝶光的特点主要有四个，如图7-20所示。

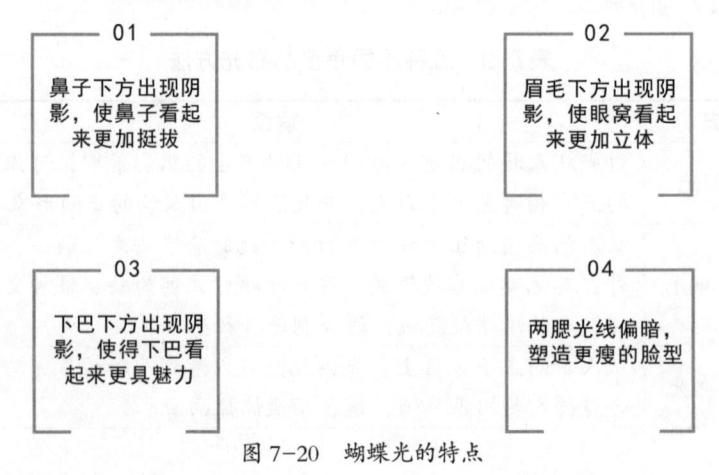

01 鼻子下方出现阴影，使鼻子看起来更加挺拔

02 眉毛下方出现阴影，使眼窝看起来更加立体

03 下巴下方出现阴影，使得下巴看起来更具魅力

04 两腮光线偏暗，塑造更瘦的脸型

图7-20 蝴蝶光的特点

需要注意的是，布设蝴蝶光时，灯位的高度要偏高一些。因为这个时候光线照射在被拍摄对象面部形成的阴影角度是向下的，可以令被拍摄对象的脸颊看起来更瘦一点。假如灯位过低，便会导致被拍摄者脸颊两侧的阴影减轻，这样有可能拍出"大饼脸"的效果。

伦勃朗光

伦勃朗光是一种专门用于拍摄人像的特殊的布光方式，采用伦勃朗光拍出来的画面中，人物形象更加丰满，更具立体感和戏剧感。拍摄时，被拍摄对象脸部阴影一侧对着相机，灯光照亮脸部的四分之三。主光可以使用硬光，也可以使用软光。硬光可以使影调清晰、明朗。软光可以使影调柔和、层次丰富。

边缘光

边缘光，是指把被拍摄对象与背景分离并突出轮廓的一种布光方式。如果拍摄人物，那就可以在人物的前后各放置一个光源，然后将后方的辅助光源朝向人物头部的后方倾斜。这里需注意的是，这个后方的辅助光源的光线一定要比正面拍摄的主光源光线更强，只有如此才能让视频画面更具戏剧性。

7.6 百万点击量的爆款视频都是剪出来的

拥有百万点击量的爆款视频都是怎么来的呢？除了脚本好、主题好和拍摄好之外，后期的剪辑也必定是非常好的。通过后期剪辑，创作者能够让视频看起来更加有趣、完美，更具视觉冲击力，更富有情绪感染力。因此，视频号创作者需要掌握一定的视频剪辑方法。

7.6.1 选择高效视频剪辑软件

很多视频号创作者认为剪辑是一件专业度非常高的事情，一般人是很难驾驭的。其实不然，短视频的剪辑并不需要我们掌握太专业的知识，只要选择一款适合自己的视频剪辑软件，掌握一些基础知识和技巧，就可以剪辑出高品质的视频。

手机端

大内存的智能手机已经成为人们生活中的标配，也是很多创作者拍摄和剪辑短视频的首选工具。因此，习惯使用智能手机剪辑短视频的创作者，需要结合自身使用习惯选择一款适合自己的视频剪辑软件。

适合手机端的视频剪辑软件如表7-10所示。

表7-10 适合手机端的视频剪辑软件

软件名称	特点
剪映	剪辑操作简单，功能全面，支持变速，有多种滤镜效果，带有丰富的曲库资源。此外，特效功能强大，模板丰富，有利于短视频后期加工
快影	完全免费，支持直接拍摄套用模板，特效、素材、模板较为丰富，可满足基本的剪辑需求。缺点是兼容性不强，且导出有水印，需另外处理
猫饼	支持视频多挡变速，可轻松调控时间，具备鬼畜循环功能，可增加视频趣味性，多样化滤镜可满足不同氛围需求，且支持视频快剪等一些相关功能
巧影	横屏剪辑模式提供了更好的操控性，特有的色度键抠像非常实用，具备声音处理和分层编辑功能。缺点是分辨率较大的视频很难导入
快剪辑	视频内有玩法教程，方便创作者学习，具备屏幕录制功能。缺点是兼容性不强，会出现闪退甚至黑屏现象，且开屏广告与内置广告偏多，体验感较差

电脑端

手机由于受到性能和内存的限制，通常无法处理"高精尖"内容，这个时候便需要在电脑端进行剪辑。利用电脑剪辑视频时，创作者可以根据自身使用习惯和剪辑需求选择适合自己的视频剪辑软件，如表7-11所示。

表7-11 适合电脑端的视频剪辑软件

软件名称	特点
会声会影	具有图像抓取和编修功能，可抓取、转换MV、DV、V8、TV和实时记录抓取画面文件，并提供超过100种的编制功能与效果，可导出多种常见的视频格式，还可直接将视频内容刻录成DVD或VCD光盘
EDIUS	一款非线性视频剪辑软件，专为广播和后期制作环境而设计，其特点有三：一是拥有完善的基于文件的工作流程，提供了实时、多轨道、多格式混编、合成、色键、字幕和时间线输出功能；二是支持多种格式，如EDIUS系列格式、Infinity™ JPEG 2000、DVCPRO；三是支持所有DV、HDV摄像机和录像机
Adobe Premiere	提供了采集、剪辑、调色、美化音频、添加字幕、输出、DVD刻录的一整套流程，是Adobe Creative Suite的一部分，系列产品间可以互相协作使用，可满足更高需求的视频剪辑。比如Adobe After Effects，它是Adobe Premiere的兄弟产品，它是一套动态图形的设计工具和特效合成软件。而Adobe Premiere是一款视频剪辑软件，主要用于视频段落的组合和拼接
爱剪辑	国内首款免费视频剪辑软件，其特色有四点：一是提供许多风格的滤镜来创作不同风格的视频；二是支持语音或视频反向回放；三是支持快、慢速的播放与视频拼接；四是拥有多种创新功能，如可以瞬间制作乐趣无穷的卡拉OK视频并拥有多达16种超酷的文字跟唱特效

7.6.2 剪出高品质视频的三大原则

想要剪辑出高品质的视频，创作者便不能随意剪辑，而应遵循一定的原则。随意而为，一来没有一个明确的方向和目标，二来没有卖点规划，会导致视频卖点不突出，缺乏必要的视觉冲击力。因此，为了确保视频品质，创作者在剪辑视频时,需要遵循一定的原则。

进行视觉引导

剪辑的最主要功能是将拍摄的视频按照某一顺序或某种逻辑进行排序,对用户进行视觉引导,给予用户强烈的在场感,也就是人们经常说的"入戏"。

那么,在剪辑时,创作者如何引导用户的视觉呢?方法有三个,如表7-12所示。

表7-12 视觉的引导方法

方法	解读	举例
次序引导	利用镜头的次序引导用户的视觉,让用户先看什么,后看什么,用完整顺畅的情节给予用户强烈的在场感和参与感	要激起用户对螺蛳粉的食欲,那就要先展示螺蛳粉的品牌,再展示螺蛳粉的烹饪过程,最后展示食用螺蛳粉的过程,放大味觉体验
镜头引导	上一个场景镜头是牵引镜头,用来引出问题,下一个场景镜头属于解释镜头,或者上一个镜头给出提示,让用户能够更自然地理解下一个镜头的含义	上一个镜头通过家猫闻了螺蛳粉的味道之后做出挖坑埋屎动作展示螺蛳粉的"臭",下一个镜头则通过展示螺蛳粉的制作流程解释这种"臭"的来源
符合大众认知	视频只要符合大众认知,用户就会潜意识地建立两个镜头的联系,从而在心理上实现画面的连接,继而获得较强的代入感	螺蛳粉为什么越臭越好吃?上一个镜头是小朋友们对螺蛳粉的避之不及,下一个镜头是大厨的精心烹制以及成人的趋之若鹜

点燃情绪

点燃情绪是指创作者通过剪辑点燃用户的某种情绪,诸如同情、悲伤、喜悦、愤怒、仇恨等情绪,引起用户强烈的共鸣。如果用户从头到尾都感觉不到创作者想要表达的情感,那么,即使视频制作得再精良,也不会在用户的心中留下什么印记。所以,我们在剪辑视频时的原则之一就是点燃用户的情绪，比如，集中镜头特写人物的欢愉，或聚焦人物的悲伤，等等。

展示完整的故事线索

一个好视频，是要让用户看懂故事的脉络，而不是东一句西一句，这一个画面那一个画面，让用户看后纷纷评价表示"看不懂，已弃"。所以，展示完整的故事线索，让用户看得懂，也是视频剪辑需遵守的重要原则之一。

为此，创作者在剪辑视频时，一方面需要站在用户的视角来思考问题，优先展示他们的关注点；另一方面要确保视频内容主线不变，一切围绕确定的主线走。

7.6.3　巧用转场让视频更流畅

在剪辑视频时，根据故事发展情节，经常会从一个场景跳转到另一个场景。为了使跳转更符合逻辑，更有条理，更具艺术性和视觉冲击力，在场面与场面转换的过程中，需要用到一些转场技巧。

淡入淡出转场

淡入淡出转场，即上一个镜头的画面由明转暗，直至黑场，下一个镜头的画面由暗转明，逐渐显现直至正常的亮度。简而言之，淡入淡出转场就是两个镜头组接，淡入是第二个镜头的开始，淡出是第一个镜头的结束。

在具体剪辑时，创作者可以根据想要营造的效果灵活选择三种使用方法，如表7-13所示。

表7-13　淡入淡出转场的用法

使用方法	解读	举例
淡入	画面由暗转明，通常用在视频的第一个镜头，营造强烈的代入感	视频开始时，先是一片黑暗，慢慢由暗转明，最终显现出一张靓丽的脸
淡入+淡出	视频中两种剧情衔接时，上一个镜头由明转暗，下一个镜头由暗转明	上一个镜头，她端着酒杯一饮而尽；下一个镜头，她跟跄跄跄地走在大街上
淡出	画面由明转暗，可以用在剧情结束时的最后一个镜头	一只白鹤慢慢远去，画面由明亮慢慢变为全黑

淡出与淡入画面的长度，一般各为两秒，但在实际剪辑时，应根据视频的情节、情绪、节奏的要求来决定。有些视频中淡出与淡入之间还有一段黑场，既是为了给人一种间歇感，也是为了引发用户进行更深入的思考。

叠化转场

叠化转场指前一个镜头的画面与后一个镜头的画面相叠加，前一个镜头的画面逐渐暗淡隐去，后一个镜头的画面逐渐显现并清晰的转场方式。

一般来讲，叠化转场主要有以下四个作用，如图7-21所示。

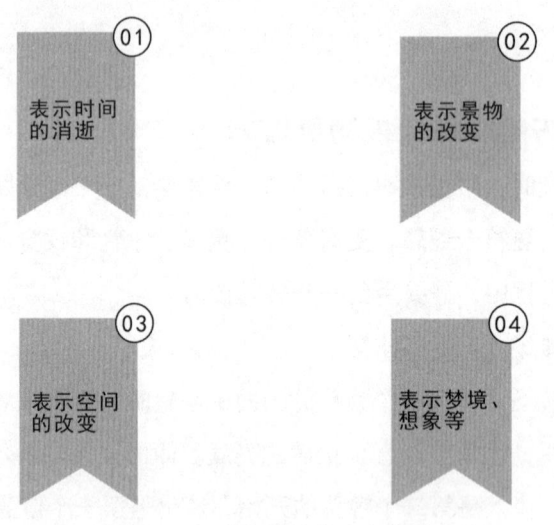

```
01 表示时间的消逝
02 表示景物的改变
03 表示空间的改变
04 表示梦境、想象等
```

图7-21 叠化转场的四个作用

通常来讲，创作者可以采用叠化转场的方式抒发某种情感，诸如甜蜜幸福、悲伤忧郁、快乐回忆等情感。在剪辑时，创作者运用正常叠化即可，假如想要表达更加强烈的情感，可以适当调节叠化的速度。

类似主体转场

类似主体转场，是指上下镜头具有相同或相似的主体形象，或者两个镜头中的物体形状相近、位置重合，在运动方向、速度、色彩等方面具有一致性。类似主体转场如果运用得当，能够大大提升视频的连续性。

类似主体转场可以分为三类，如表7-14所示。

表7-14 类似主体转场的类型

类型	解读	举例
主体相同	上下相接镜头中的主体相同，通过主体的运动或出画、入画完成时空转变	上一个镜头在果园采摘苹果，下一个镜头为挑选苹果特写，但地点变为农贸市场
主体同类	上下两个镜头之间的主体是同一类物体，但并非同一个	上一个镜头以玻璃杯淡出，下一个镜头以人物手里的保温杯淡入
主体相似	上下镜头中的主体在外形上具有相似性	前一个镜头落在一轮圆月上，后一个镜头落在一面圆镜上

声音转场

声音转场是用音乐、音响、解说词、对白等和画面的配合来实现转场，是视频转场的惯用方法。

声音转场通常可以分为三种，如表7-15所示。

表7-15 声音转场的类型

类型	解读	举例
过渡转场	利用声音过渡的和谐性自然而然地转换到下一个镜头	前一个镜头是一个会场掌声雷动，后一个镜头是另一个会场掌声渐起
呼应转场	利用声音之间的呼应关系实现时间和空间的大幅度转换	上一个镜头是男方问女方"你愿意嫁给我吗"，后一个镜头是女方回答"我愿意"
反差转场	利用声音前后明显的反差，加大镜头间隔，使视频的节奏更加紧凑	前一个镜头是一个人在家安静学习，后一个镜头是热闹的篮球比赛场景

遮挡镜头转场

遮挡镜头转场是指在上一个镜头接近结束时，镜头被画面内某个形象暂时遮挡，下一个镜头时，遮挡镜头的形象又从摄像机前走开，继而实现场合的转换。上下两个相接镜头的形象可以相同，也可以不同。

根据遮挡方式的不同,遮挡镜头可以分为两种形式,如表7-16所示。

表7-16 遮挡镜头的形式

形式	解读	举例
迎面遮挡	主体迎面而来遮挡摄像机镜头,形成暂时的黑画面	人物身影越来越近,遮住了镜头,离开时,画面切换到了办公室
前景遮后景	画面内前景暂时挡住画面内其他形象,成为覆盖画面的唯一形象	前一个镜头闪过的汽车出现在下一个镜头中,挡住了人物的出场路线

用这种方法转场,不但能给观众带来较强的视觉冲击,而且还可以造成视觉上的悬念,同时也使视频的节奏更加紧凑。如果上下两个画面的主体是同一个,那么,运用这种方法还能强调和突出主体。

第 8 章

直播： 出圈网红的五个养成要诀

创作者在视频号上不仅能够发布视频，而且还可以进行直播。相比于视频，直播的互动性和参与感更强，更易于变现。因此，创作者在持续输出视频内容的同时，还应做好直播，实现人气的快速聚集，成功打造个人品牌。

8.1 好硬件造就好画质

想要顺利完成直播，硬件的支持是必不可少的——硬件准备得越充分，标准越高，直播画质便越清晰，直播过程便越顺畅。因此，视频号创作者在做直播计划时，需要根据自身实力和直播内容做好硬件准备。

8.1.1 基础工具：手机+支架+补光灯

直播间最基础的功能是确保直播可以高品质、高效率地进行，而支撑直播间这一基础功能的则是三个基础工具，即手机、支架和补光灯。因此，只有选好并用好这三个工具，视频号创作者才能保证直播画质，为用户带来更好的视觉体验。

手机

直播间最基础的设备是一台高像素的智能手机，手机的配置会直接影响到直播画质。因此，为了保证直播画面的清晰度，创作者首先需要选择一台合格的智能手机。

在移动技术稳定、手机运行速度较快、手机内存较大以及手机普遍5G化的前提下，手机镜头像素是影响直播画面清晰度的重要原因。在选择手机时，创作者可以按照6个标准来选择手机摄像头，如表8-1所示。

表8-1 手机摄像头的选择标准

标准	解读
镜头像素要高	像素是手机拍摄效果的最直接体现，在其他元件、参数和系统优化相差不大的情况下，像素越高，直播时的画面就越清晰
镜头品牌靠前	镜头是手机相机的眼睛，直接影响了成像品质。当前，镜头品质优劣差距较大，莱卡、蔡司、佳能、尼康等品牌的镜头排名较为靠前

（续表）

标准	解读
镜头镜片要多	当前手机相机的镜片大多为五六片，通常情况下，相机镜片越多，成像效果越好
光圈F值要小	光圈是一个控制镜头进光量的装置，通常用F来表示。光圈F值越小，意味着画面亮度越高，拍摄效果越好
堆栈式传感器最好	当前手机上的传感器主要有前照式、背照式和堆栈式三种。从成像效果上看，可以简单地从优到劣排序为：堆栈式>背照式>前照式
防抖	防抖功能就是依靠特殊的方式降低因为抖动造成的影像不稳定。当前智能手机上用得最多的是OIS光学防抖，防抖等级越高，防抖效果越好

支架

直播间除了需要一台性能卓越的智能手机之外，还需要能够让创作者的双手解放出来的支架。要想直播效果好，需要创作者全面发挥，假如手里拿着一台手机，会在很大程度上影响创作者的发挥。除此之外，支架还能起到稳定作用，保证手机镜头不摇晃，且还可以上下远近调节视角和距离，堪称直播间的必备神器。

具体而言，适合直播用的支架主要有三类，分别为桌面三角支架、悬臂支架、落地支架，如表8-2所示。

表8-2 适合直播用的支架种类

支架种类	优点	缺点
桌面三角支架	稳定性较强，且价格便宜	占用较大桌面空间
悬臂支架	可以拉升，方便调节高度、远近，灵活性高	价格较高，携带不方便
落地支架	高度可以调节，可360°旋转，承重能力强	体积较大，价格较高

创作者可以根据自身需求和经济实力，合理为直播间配备手机支架，以获得更稳定的直播视角和更佳的直播画质。

补光灯

补光灯，顾名思义，主要作用是为直播间补充光线，提升创作者或产品在镜头中的颜值，让创作者看起来更光鲜，让产品看起来更具品质感。

适合直播使用的补光灯主要有两种，分别为环形补光灯和灯箱。

（1）环形补光灯。环形补光灯相当于一个发光面，照射出来的光比较均匀，能够让创作者的脸部或产品表面均匀受光，从而让创作者看起来更光鲜，或让产品看起来更有质感。

（2）灯箱。灯箱可以调节直播间光线的色温、亮度，操作较简单。合理使用灯箱，能够让创作者或产品看上去更明艳、更富光影感。

8.1.2 布设吸睛背景

在搭建直播间时，背景是一个绝对不能忽视的关键因素。很多时候，一个好背景能够将创作者衬托得更专业，让产品看起来更具品质感。反之，杂乱无章偏离直播主题的背景，则会让直播间看起来不伦不类，完全引发不了用户的消费欲望。因此，我们在布设直播背景时，需要遵循一定的原则。

原则一：简洁

简洁的背景在强化直播间氛围的同时，又不会和创作者或者产品"争宠"，不会分散用户的注意力。因此，在布设直播间背景时，创作者需要秉持简洁的原则，将背景打造成可以为直播加分的"绿叶"。

简洁的直播间背景主要表现在两个方面，如表8-3所示。

表8-3 简洁直播间背景的主要表现

表现方面	解读	举例
品类少而精	作为背景的饰品或产品数量上可以多，但是品类上要少而精，因为品类多很容易让人觉得杂乱	以精美的书柜为背景，书柜上陈列古典书籍

（续表）

表现方面	解读	举例
以浅色或纯色为主	浅色和纯色能够带给用户一种纯净感，让直播间看起来更温馨、更具吸引力	以鹅黄色、淡粉色、蓝色等窗帘为背景

原则二：相关

背景布设除了要遵循简洁原则外，还需要遵守相关原则。所谓"相关"，是指直播间背景需要和直播内容或带货产品具备某种关联。有了关联，背景在用户眼中才会更自然、顺眼，更有亲和力。

比如，创作者要为某个品牌的服饰带货，背景可以是身穿该服饰的美女或帅哥；假如创作者带货产品是各种款式的首饰，那么，以饰品墙作为背景则能起到良好的"站台"作用；假如带货产品是宠物用品，那么，在背景墙上挂几个萌宠布偶则更有吸睛效果；假如直播和美妆有关，则可以用眼睛、脸部特写图等作为背景。

原则三：个性

直播间的背景布设还需要有个性，能够让用户看了有印象，能记住。简而言之，有个性，才能避免同质化，才更具辨识度。比如专属的logo，印有创作者名字的照片、抱枕，等等。

8.2　提前预热吹好东风

直播想要大火，在做好硬件准备的同时，还需要做好预热，提前吹好东风，让用户知道你要直播，了解具体的直播时间和卖点，知道自身能够从直播中获得何种好处。只有这样，用户才会关注直播、期待直播、观看直播。

8.2.1 设计一张满是吸睛点的海报

新产品在发布前,厂家总会推出满是吸睛点的海报,为之造势,吸引用户的眼球,提升用户的期待感。对视频号创作者而言,直播本质上也是一款产品,需要做好海报,抛出直播卖点,才能快速吸引用户关注。

比如,罗永浩在开启个人生涯的第一场直播前,便推出了一张吸睛点满满的海报,吸引用户疯狂转发分享。这张海报除了有罗永浩的面部特写外,还有"基本上不赚钱,交个朋友""中国第一代网红"等个性化、标签性语言,有卖点,有差异,有个性,因此吸引了大批用户前来围观和分享,起到了良好的造势效果。

可见,一张吸睛点满满的海报,能够帮助创作者在直播前快速造势,营造出良好的开播氛围。

在具体设计直播海报时,创作者需要遵从四项原则,如图8-1所示。

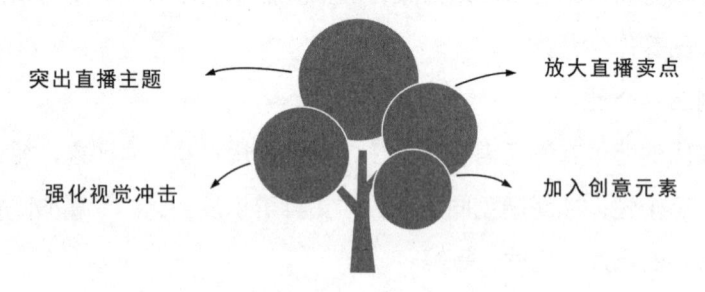

图8-1 直播海报设计的四项原则

8.2.2 通过社交平台广而告之

移动互联网时代,用户习惯了通过各类社交平台来获得消息,分享自己感兴趣的新闻。因此,创作者可以将直播信息发布在微博、微信公众号、微信朋友圈、今日头条、B站、百家号、抖音、快手等社交平台上,多渠道分发视频号直播信息,广而告之。

这里需要注意的是,通过社交平台宣传直播时,想要达到最佳的宣传效果,创作者还需要写一篇满是看点的文案。

通常来讲，创作者在打造宣传文案时，需要秉持三项原则才能无限放大文案对用户的吸引力，如图8-2所示。

图 8-2　直播宣传文案的打造原则

8.2.3　借助社群裂变信息

在进行直播预热时，除了利用海报、社交平台为直播宣传造势外，创作者还可以利用社群分发直播信息，触达更多用户，吸引他们关注直播。比如，创作者可以提前将直播信息发到微信群、QQ群中，通过发放红包、小礼物等推动社群成员在自己的社交平台分享，继而推动直播信息的快速裂变。

这里需要注意的是，想要促使社群成员积极分享直播信息，最大限度地实现裂变传播，创作者不能仅仅依靠大家自觉分享，还需要推出一系列的刺激举措，如图8-3所示。

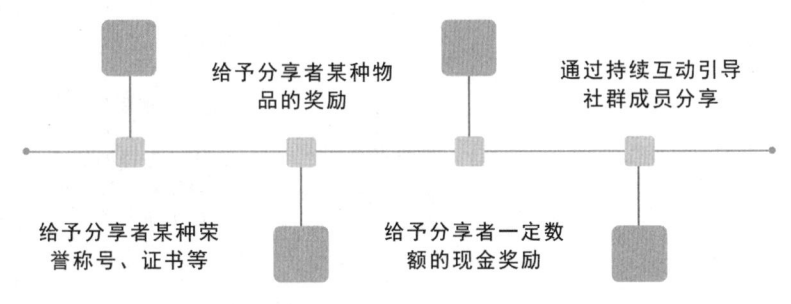

图 8-3　刺激社群成员分享直播信息的方法

8.3 明确玩法和制定突发预案

直播并非坐在镜头前随便说一说、扭一扭、跳一跳便可以实现吸粉百万,想要顺利实现直播目标,创作者需要提前确定直播玩法,明确开始做什么,中间做什么,结尾做什么。另外,还需要制定突发预案,以备遭遇突发事件时从容应对。

8.3.1 明确直播玩法

视频号想要通过直播达到的目的,是通过各种各样的玩法来实现的。比如,你想通过直播快速吸粉,必须要明确直播玩法、强化用户参与感、在场感和获得感,用户才会关注你、喜欢你、信任你。假如创作者对直播玩法不明确,想到什么玩什么,这样的直播在用户眼中便会沦为一场闹剧,根本就不值得关注和停留。

直播玩法可以分为直播步骤和互动玩法两大部分。

直播步骤及具体内容如图8-4所示。

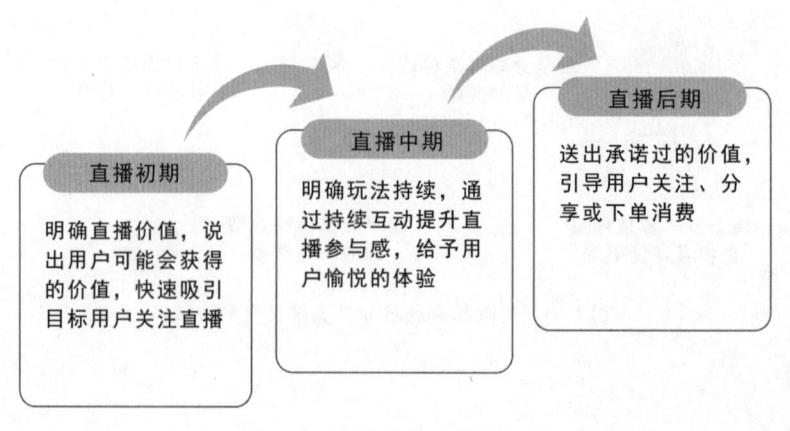

直播初期:明确直播价值,说出用户可能会获得的价值,快速吸引目标用户关注直播

直播中期:明确玩法持续,通过持续互动提升直播参与感,给予用户愉悦的体验

直播后期:送出承诺过的价值,引导用户关注、分享或下单消费

图8-4 直播步骤及具体内容

直播的玩法多种多样，视频号创作者可以根据自身直播目的来灵活选择，如表8-4所示。

表8-4 直播的五种玩法

玩法	解读	举例
才艺展示	在直播中展示自己的才艺，吸引粉丝	直播古筝演奏
讲故事	展示自己的工作或生活经历，讲述人生故事	直播旅游，讲述景点故事
抽奖	在直播中抽奖，引爆直播间人气	直播开始就先抽个奖
分享价值	分享某一方面的技能、技巧、经验等价值内容	分享五星级家常菜做法
连麦	直播中和粉丝连麦，进行一对一互动	和用户连麦说相声

8.3.2 制定直播突发预案

正所谓"天有不测风云"，不管我们之前在硬件上有多大的投入，直播时也难免会遭遇各种各样的突发状况。即便是像李佳琦等直播大咖，也曾经在直播时遭遇意外。因此，制定突发预案，确保在面对突发状况时临危不乱，能快速解决问题，对视频号直播而言就显得尤为重要了。

直播间故障

所谓"直播间故障"，是指直播时突发的卡顿、闪退、黑屏等技术型问题。遇到这类问题时，通常只有通过排查故障或者更换设备等操作来恢复。

比如，直播画面突然出现卡顿，原因通常有两种：一种是设备配置不够，带不动直播；另一种则是网络环境较差。用电脑开高清摄像头可能会出现设备带不动直播的问题，这个时候需要更换设备；假如直播卡顿那就是网络问题，则需要切换到网络稳定的场景，最好能确保直播设备单独使用一条网线。

再比如直播闪退、黑屏，出现这类问题的最大可能原因是设备内存被其他程序占用或者设备内存不够，需要创作者重启设备后再次登录。

商品质量、价格、链接出现问题

直播带货时，突然被用户指出商品在质量、价格、链接等方面有问题怎么办？遇到这种突发状况时，视频号创作者应当第一时间站在用户的立场上和商家进行交涉以更正。假如无法当场解决问题，则可以先让拍下的用户不付款，视频号创作者正常进行后续商品直播，运营则继续和商家沟通，并随时更新进展。

用户闹情绪

不管是以引流为目的的直播，还是以种草带货为目的的直播，总会遇到一些用户因为创作者的某一句话或某一动作而闹情绪的状况，如果处理不好，会极大地影响直播间氛围。

这种情况下，创作者可以从两个方面进行应对：一方面耐心解释，安抚用户情绪；另一方面利用抽奖、发红包等方式转移用户关注点。

8.4 强化互动，爱粉、宠粉

很多视频号创作者在直播时，不是一个劲地说，就是一个劲地跳，花费的力气很大，但是最后直播间却留不住人。那么，问题出在哪里呢？最主要的一个原因便是这些主播和用户之间缺乏互动，直播过程成了主播的独角戏，用户很难获得参与感、在场感和成就感，停留的兴趣自然不大，更不用提积极参与了。

8.4.1 互动性是直播的核心要素

视频号"聂小倩她老板"的创作者具有非常鲜明的特色和时尚品位，直播主打百变欧美妆容，擅长通过美妆和夸张的造型，将个人性格特色和对产品的理解融入互动内容中。

具体而言,视频号"聂小倩她老板"的创作者在直播中的互动表现在三个方面,如表8-5所示。

表8-5 视频号"聂小倩她老板"的创作者在直播中的互动表现

互动表现	解读
欧美妆刺激	直播中的妆容以欧美妆为主,自带话题性,一方面能够刺激用户提问的积极性,另一方面还会激发用户分享的兴趣
连麦互动	和用户连麦,面对面回答用户的问题,解答用户的疑问。连麦互动的形式大大提升了直播的趣味和价值,吸引了更多用户关注
利益刺激	每次直播,创作者都会抽取幸运用户,赠送品牌化妆工具或产品,给予用户实实在在的利益。在利益的刺激下,用户互动的积极性自然更加高涨

可见,互动性是直播的核心要素。有互动的直播,用户参与感更强,用户会觉得直播更有趣、更有价值,自然也就更愿意关注,消费倾向也会更加强烈。

8.4.2 活跃直播气氛的四个互动玩法

做直播,必须要有氛围,氛围有了,用户的参与感才更强烈,对创作者的信任度自然更高,关注和分享的意愿也会更加强烈,用户转化率就更高。

那么,如何才能有效地活跃直播间的气氛呢?在具体操作时,创作者可以采用四种方法来强化互动,提升用户转化率。

抢红包

红包是直播互动中最常见也是最容易引爆氛围的一种互动工具,只要运用得当,创作者就能快速提升用户的参与感。因此,做直播时,创作者可以适当设置一些抢红包活动,比如一场直播设置三轮抢红包活动,这样自然就可以提升用户的参与感。

点赞或评论活动

为了打造热烈的直播间气氛,不让直播冷场,创作者可以借助点赞和评论去和用户持续互动,最大限度地延长他们的观看时长。比如,主播通过口头提醒用户只要全场点赞满3万,就会开启新一轮红包赠送活动,临近点赞目标完成时,主播会再一次渲染,将直播氛围再一次推向高潮。

关键词截图送奖品

关键词截图送奖品搭配优质的直播内容更易引爆用户的关注激情,延长用户观看时长。直播时,让用户在评论中输入指定的关键词参与抽奖,创作者通过截图的方式现场播报中奖用户名称,这样可有效提升直播热度。比如,用户输入"我爱你"关键字,创作者截图到的用户便可领取相应奖品,直播氛围必然会瞬间达到一个高峰。

产品知识问答

创作者在直播中讲解行业和产品相关知识,回答用户疑问,不但可以帮助用户更加详细地了解产品性能,还可以强化自身的专业形象,增加用户对产品和品牌的信心。比如,在介绍母婴产品的直播中,创作者可以向用户讲解奶嘴选购知识、分享婴儿护理专业技能,以此彰显自身的专业性和产品的高品质,最终提高用户对创作者的信任,提升用户转化率。

8.5 "言值"是直播的核心竞争力

想要直播间有人气、转化率高,视频号创作者除了要有颜值、有才艺外,还需要有"言值",即能够通过走心的话语给予用户更愉悦的直播体验。简而言之,创作者在直播时,要善于使用话语来营造气氛、愉悦用户、提升用户对自身的信任。只有如此,直播才会收获更高的转化率。

8.5.1　五种快速点燃氛围的开场话术

一场高人气直播,主播往往会在开播时的最初一分钟内营造强互动氛围,提升用户的在场感和期待感,继而在第一时间锁定用户的眼球。想要做到这一点,就需要主播在开播时有针对性地说话。

比如,一位专注美妆技巧分享的创作者在直播开始时喜欢这样说:

"老铁们,咱们又见面了,别的先不提,咱们先抽个奖。"

"亲们,上次直播后厂商给了很多试用品,我打算都送给大家,数量有限,快说'爱你',我截图截到谁就给谁!"

…………

"天下熙熙,皆为利来",以承载利益的话开场,自然会最大限度地吸引用户眼球,快速提升直播间人气。

通常来讲,视频号创作者在直播开始时,可以灵活使用五种话术快速点燃直播间氛围,如表8-6所示。

表8-6　直播开场话术

话术	解读	举例
利益输送	创作者通过给予用户实实在在的利益提升自身话语的吸引力,强化用户在场感和参与感	亲人们,直播开始前,咱们先抽个奖,奖品是3部小米手机
设置悬念	通过设置悬念激发用户的好奇心,吸引他们持续关注直播、参与直播	今天这场直播为大家准备了一个惊喜
请求回答	抛出问题请求用户回答,不仅可以引导用户关注直播要点,还能提升他们的期望值	大家平时是怎么处理虾的? 西红柿怎么做最好吃?
承诺激励	直播开场白还可以是一个令用户心动的承诺:告诉用户,假如他们按照你的建议行事便能获得某个他们期盼的东西	这场舞蹈直播,谁能回答我的一个问题,我便送谁一部最新款的华为蓝牙耳机!
故事开篇	可用一个简单而有趣的故事开头,以故事提升用户对直播的期待	这场直播我想和大家分享我直播变现的故事

8.5.2 坦诚说话赢得信任

视频号"我是美女啊"的创作者在直播时便因为足够坦诚而深受用户信任。有次直播带货时，他在介绍完新款服装面料高档和花色柔和的卖点后，很坦然地说出了服装面料的缺点。

"这款服装面料虽然高档，但是需要细心呵护。因为面料采用了纺织新技术，比较薄，所以不能用力拉扯，否则容易脱线。"

开诚布公地将带货产品的缺点说出来，让用户觉得他非常坦诚，并非为了卖货而无底线地吹捧产品。很多用户都因为他的这份坦诚而更加信任他，购买产品的积极性反而更加高涨。

具体而言，坦诚的话语对直播有三大作用，如图8-5所示。

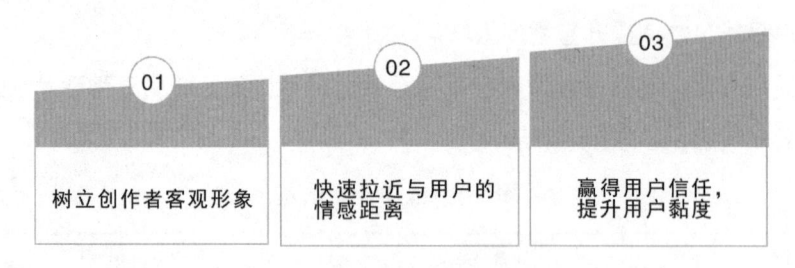

01	02	03
树立创作者客观形象	快速拉近与用户的情感距离	赢得用户信任，提升用户黏度

图8-5 坦诚表达对直播的作用

在直播时，创作者可以通过三种话术展示自身的坦诚，快速获得用户的信任，如图8-6所示。

大优点后跟着小缺点	转换视角，变缺点为优点	坦诚罗列自身的不足

图8-6 展示坦诚的直播话术

8.5.3 站在用户立场说话

在直播时，站在用户的立场上为用户发声也是一个快速赢得用户信任的高效方法。因为不管是在生活还是在工作中，人们总是渴望别人能理解自己、鼓励自己，将能够站在自己立场上说话的人看作是"自己人"。

那么，如何才能为用户发声，说出他们的心里话呢？在直播时，创作者可以从三种话术入手，如表8-7所示。

表8-7　为用户发声的话术

话术	解读	举例
精准定位	直播前，创作者要多想一想，直播的目标用户是谁，他们处于哪一年龄段，最关心的是什么问题	上有老，下有小，生活不易，今天我为"80后"代言
换位思考	创作者站在目标用户视角说话，谈感受，谈目标，谈生活，谈价值观，以此和用户快速产生情感共鸣	作为一个"80后"，我曾经住过桥洞，一天只吃一个馒头
降低成本	成本是指用户解决问题的代价，主要指金钱成本。创作者提出的解决方案成本越低，对用户的吸引力便越大	一分钱不赚，成本价出售，只为交个朋友

8.5.4　向用户递交"投名状"

看过小说《水浒传》的人都比较喜欢其中的一个人物——林冲，林冲在最初投奔梁山的时候，当时的梁山老大对其并不怎么信任，为了检验林冲是否是真心投奔，提出要林冲三日内纳一投名状来。所谓的"投名状"，实际上是让林冲下山随便杀一个无辜的路人，将脑袋送上山。有了这个投名状，林冲便能获得信任。其实，在直播时，创作者也可以通过向用户递交"投名状"（即信任的筹码）的方式快速获得用户的信任。

推心置腹

所谓"推心置腹"，是指创作者将自己"扒个精光"，让用户快速了解创作者、认识创作者，实现信息对称，在此基础上用户对创作者自然更信任。

那么，在直播中，创作者如何才能快速地将自己"扒个精光"呢？方法很简单，可以通过"三说"来实现，如图8-7所示。

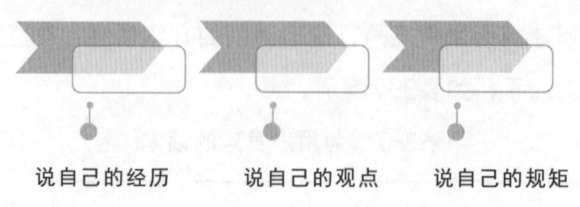

说自己的经历　　说自己的观点　　说自己的规矩

图8-7　"三说"实现信息对称

付出足够的成本

当创作者能够让用户意识到创作者已经为他们付出足够多的成本时，用户便会感受到创作者的诚意，继而收下"投名状"，信任并喜欢上创作者。

创作者如何让用户知晓自己已经付出足够的成本了呢？一个最有效的方法是直接展示成本方案，一旦用户清晰地感知到成本方案的"分量"，他们对创作者的信任感便会大增。

比如，创作者计划通过直播为某品牌的鸡肉制品带货，在介绍产品时可以这样说："老铁们，为了确保这批鸡肉足够新鲜，我自己出钱雇了10辆恒温货车，从屠宰场直接拉到冷冻仓库。而且，恒温货车内装有移动摄像仪，大家可以通过扫描下方的二维码远程观看运输过程！雇恒温车再加上搭建这套可视的实时运输追踪系统，我花了差不多10万元，目的就是让大家吃上超新鲜的鸡肉！"

这种大成本投入对用户来说就等于是一个"投名状"，如此一来，创作者在用户眼中便付出了足够多的成本，他们会为创作者贴上"用心""诚实""可信"的标签，关注创作者的视频号的人自然会越来越多。

8.5.5　社会证明总会让用户冲动

社会证明的出现，本质上源于人的安全需求，人们往往更容易接纳那些已经被社会证明了的人或物。比如，很多人觉得"人多的地方就一定安全",这种感觉是出于本能的,也是人类保护自身的重要工具。

"生活中,枸杞有哪些吃法呢?"

"您对中宁枸杞有何评价?"

每当主播提出这些问题后,用户会通过弹幕抢着回答。

"枸杞的常见吃法是泡水,拿出几粒泡在保温杯里,会让一天的心情都很美丽!当然,除了泡水外,枸杞还可以煮粥、泡酒、制作糕点等,吃法很多。"

"中宁枸杞颗粒饱满,口感微甜,泡出来的水颜色微红,保健价值非常高!"

"自从我吃过鲜枸杞后,再吃其他水果便不香了。"

…………

这是一位主播在直播时常用的话术,通过引导用户"现身说法",让带货的枸杞在用户眼中变得更具安全感、更有品质。

通常而言,在直播时,创作者可以通过两种证明话术来提高带货产品在用户眼中的可信度,如图8-8所示。

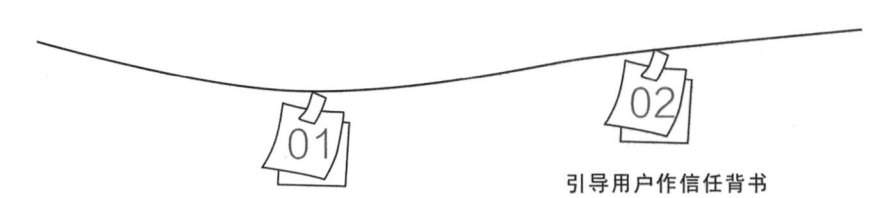

01 抛出权威证明

02 引导用户作信任背书

图8-8 两种社会证明话术

第 9 章

圈粉：从零到百万只差一个运营

如何从一个视频号创作小白蜕变为拥有十万、百万粉丝的大咖呢？其实这个问题的最佳答案可以用四个字来概括——懂得运营。所谓"运营"，是建立在对自身和用户全面剖析基础上的一系列视频号玩法，即用户喜欢什么，便玩什么、输出什么。如此一来，从没有粉丝到拥有百万粉丝，对视频号创作者而言便不再是一个迈不过去的门槛。

9.1 利用种子用户实现快速裂变

所谓"种子用户",是指能够实现快速裂变的首批用户,这类用户一方面对创作者的视频号内容、功能、品牌等高度认同,积极点赞、评论和提出有价值的改进意见;另一方面还乐于付出足够的情感,能够充当视频号推销员,通过积极分享和推荐,吸引更多粉丝关注。因此,想要快速涨粉,创作者首先需要找到这些种子用户,快速激活他们。

9.1.1 挖掘种子用户

想要依靠种子用户吸引更多粉丝关注,创作者首先需要找到他们。那么,如何找到种子用户呢?视频号创作者可以从三种方法入手,如图9-1所示。

图9-1 寻找种子用户的方法

从其他视频号粉丝中挖掘

视频号创作者可以从同行竞争对手的粉丝中寻找自己的潜在种子用户,通过输送价值将他们发展为自己的种子用户。比如,创作者的视频号定位于"美妆分享",创作者可以先确定美妆领域的大咖,然后时常去这些视频号发布的视频下留言互动,可以和这些大咖本人互动,也可以和这些大咖的粉丝互动。这样一来,时间长了,创作者便能筛选出一批志同道合的种子用户。

另外,视频号创作者还可以进入大咖建立的微信群、QQ群,从这些群中挖掘种子用户。通常来讲,这些群的用户都是竞争对手反复筛选出来的,属于优质用户,通过持续互动,视频号创作者很容易找到契合自己视频号定位的种子用户。

从初始用户中挖掘

视频号创作者还可以从关注自己的粉丝中筛选种子用户,然后有针对性地培养活跃度高、参与度高的粉丝,引导他们向种子用户进化。

利用自媒体平台挖掘

视频号创作者还可以通过其他平台渠道寻找种子用户,诸如微博、百家号、知乎、小红书等。通过在这些平台上阐述理念,发布内容,找到支持和欣赏自己的人,并将之导流到自己的视频号。

9.1.2 价值内容刺激

找到种子用户并将其导流到自己的视频号后,创作者还需要用价值内容持续"浇灌",促使这些种子用户生根发芽,继而持续提升他们的忠诚度,刺激他们更积极地分享转发。

那么,什么样的内容在种子用户眼中才是有价值的呢?通常来讲,种子用户眼中有价值的内容具备两大特点,如表9-1所示。

表9-1 价值内容的两大特点

特点	解读	举例
强差异化	创作者需要注入自身的态度、想法和创意，避免其创作内容同质化，这样的内容对种子用户才更有吸引力	"李子柒"的古风美食视频，便做出了差异化，继而大获成功
高细分化	占领垂直领域中的某个细分领域，凭借专业化内容更易俘获种子用户的芳心，刺激他们分享转发	"李子柒"的美食视频聚焦古风领域，高度细分

9.1.3 强化预期

强化种子用户的未来预期，有助于坚定他们关注视频号的决心和提高分享内容的积极性。通常情况下，对视频号未来的预期越好，种子用户持续关注的决心就越强。

具体而言，视频号创作者可以用三种方法来强化种子用户的未来预期，如图9-2所示。

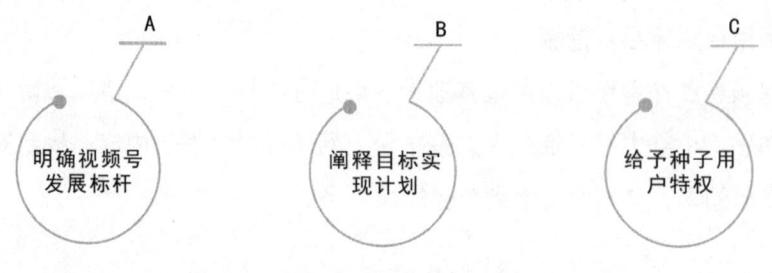

A 明确视频号发展标杆
B 阐释目标实现计划
C 给予种子用户特权

图 9-2 强化种子用户未来预期的方法

9.2 设置诱饵引导种子用户分享

正所谓"天下熙熙，皆为利来"，对视频号创作者而言，最高效的吸粉方法就是利益驱动，将用户变为推销员。视频号粉丝裂变的基本逻辑可以归纳为"诱饵—种子用户分享—二级用户参与—再次分享",通过利益激发种子用户的参与积极性和分享意愿,借助他们影响到更多的用户,在裂变中无限传递视频号信息。

9.2.1 高触达诱饵设计原则

既然诱饵是快速裂变的核心,那么,视频号创作者如何设计出高触达诱饵呢?想要诱饵拥有较高的触达率,视频号创作者在设计时必须遵循四个原则,如表9-2所示。

表9-2 高触达诱饵设计原则

原则	解读	举例
走心	诱饵必须是用户需要的、渴求的,这是诱饵见效的基础	美妆博主在夏天赠送给种子用户某知名品牌防晒霜试用套装,帮助种子用户护肤
相关	抛出的诱饵必须和视频号定位相关,能够帮助用户实现某种价值	技能培训视频号创作者推出前十名评论的用户获半年免费技能培训课程的活动
知名	作为诱饵的产品必须要有一定的知名度,而非小众平庸物品	定位电子数码原创内容的视频号创作者举办分享有奖活动,奖品为华为旗舰系列手机
潮流	诱饵产品要既好玩又有特色,潮流感越强,对用户的吸引力就越大	诱饵产品为LED智能补光镜、Paper Watch纸手表、智能保温杯、指纹储蓄存钱罐、智能灭蚊灯、刨冰机、溏心鸡蛋神器、小米智能音箱等

9.2.2 三个高分享力诱饵

不管视频号的定位如何,细分领域是什么,都可以采用三个极具分享力的诱饵,推动种子用户快速裂变,如表9-3所示。

表9-3 三个高分享力诱饵

诱饵类型	解读	举例
红包	送什么都不如直接送钱实惠，诱饵的设置同样也是如此，可以直接将红包设置为诱饵，引导用户分享	"关注+转发"便有机会获得666元大红包，机不可失！
赠品	创作者可以将自身的付费产品作为诱饵，通过免费赠送的方式吸引种子用户分享视频号信息	免费赠送给种子用户6个月的付费视频观看资格
特定身份	通过给予用户某种特定身份的方式，满足种子用户的虚荣心，激发他们的自豪感，刺激其转发	分享6次，可获得超级会员资格，免费观看所有付费内容

9.3 "三放大"玩法吸粉10万+

一谈到快速吸粉，很多视频号创作者会将其和复杂的、需要投入大量人力和资金的高端玩法联系在一起。其实，很多基础性的玩法，只要做到极致，强化自身特色和个性，并不需要投入多少人力和资源就能快速吸引大量粉丝关注。

9.3.1 放大人物特点

所谓"放大人物特点"，是指将人物作为视频表现的焦点，且极限放大人物的某一特点。很多时候，一个平常的人，在无限放大其特点后，诸如动作缓慢、长得漂亮、跳得高、说话幽默等，都能由丑小鸭变成白天鹅，快速成为用户关注的对象。简而言之，拍人很平常，但极限放大人物特点，却能收获无数粉丝的关注。

视频号"时尚奶奶"便善于通过放大人物特点的方式来吸引粉丝关

注——通过放大四位奶奶级人物身上的时尚元素，以老年潮流、恣意人生的生活理念赢得了百万粉丝关注，如图9-3所示。

图9-3 视频号"时尚奶奶"发布的短视频截图

那么，如何放大人物特点才能最大限度地吸引粉丝关注呢？在具体操作时，视频号创作者可以根据自身实际灵活选择三种方法，如表9-4所示。

表9-4 放大人物特点的方法

方法	解读	举例
放大颜值	放大人物在颜值上的优势或劣势，以极致化的颜值吸引用户眼球，引导用户关注	颜值在线的美女，通过各种美妆技法，让自己看起来更美
放大个性	放大人物在个性上的特点，以个性化的语言、动作等吸引用户眼球，提升被关注的概率	每到一个地方都会在镜头前做一字马动作，彰显自身个性

（续表）

方法	解读	举例
放大品质	放大人物某一方面的品质，以极致化的品质吸引用户眼球，激发用户与创作者情感上的共鸣	特别乐于助人，看到流浪小猫就喂它们猫粮，看到老人过马路就去搀扶他们

9.3.2 放大图文魅力

除了可以通过放大人物特点吸引用户关注外，视频号创作者还可将收集的素材全都制作成"图片+文字"的形式，通过放大图文的魅力也可以快速吸引用户关注。

视频号"慕爱情缘"，善于以图文说感情，以图文拨动人们内心最温柔的情感之弦，因此深受用户喜爱。比如其发布的视频《一封感动中国几百万情侣的分手信》，便通过图文放大了"分手并不是终点"的情感：

我们睡过同一张床

喝过同一杯水，牵过彼此的手

躺过彼此的怀抱也谈过未来

如果说到遗憾

那就是没能给彼此一个家

我不知道用多长时间才能忘记你

我只知道我不会再像爱你一样去爱别人

从今往后我就不再打扰你了

宁愿高傲地被爱也不要卑微地去爱

因为图文极具感染力，将对另一方的爱表现得淋漓尽致，截至2022年1月，这条视频被转发了1.5万次，获赞4万个，如图9-4所示。

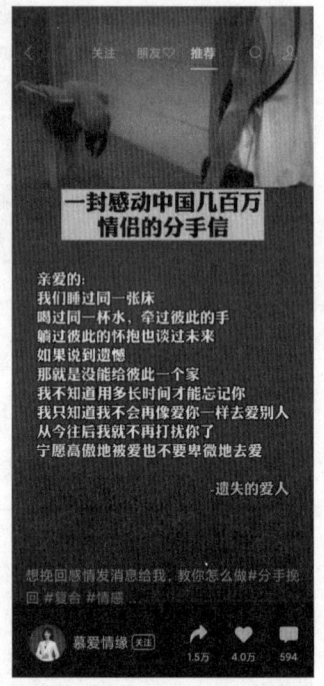

图9-4 视频号"慕爱情缘"发布的图文视频截图

在具体操作时，创作者需要注意三点，如表9-5所示。

表9-5　图文式内容的注意事项

注意事项	解读
第一张图最重要	第一张图片相当于视频的封面和标题，其魅力值将直接决定视频点击率
文字要简短精悍	文字太多，用户观看时间有限，无法产生足够的代入感，关注意愿自然不强烈
控制图片数量	图片的数量不要超过9张，因为视频播放的时间有限，如果图片太多，其展示的速度就会加快，这样就不利于粉丝阅读

9.3.3　放大对话核心内容

视频号创作者还可以将收集到的素材制作成聊天记录，通过放大对话核心内容的方法来制造话题，吸引粉丝关注。因为人人都有好奇心，而两个人之间的对话则带有私密属性，所以，对话式的内容能够快速激发粉丝的好奇心。

视频号"锅盖家"便善于放大对话的核心内容营造幽默搞笑的氛围，放大自身对用户的吸引力。比如其发布的视频《媳妇老是巧立名目强制消费，我太惨了！》，便是以夫妻对话的形式，抛出了"媳妇老是巧立名目强制消费"的话题，在轻松幽默中营造了一种夫妻甜蜜恩爱的形象。截至2022年1月，该视频被分享了3329次，获赞2961个，如图9-5所示。

图9-5　视频号"锅盖家"发布的短视频截图

在具体操作时，视频号创作者可以用三种方法来放大对话的核心内容，如表9-6所示。

表9-6 放大对话核心内容的方法

方法	解读	举例
放大话题	通过对话放大某个话题,以高互动的话题吸引用户参加谈论,刺激他们积极分享	通过夫妻之间的对话放大"两个同姓打不过一个外姓"的话题
放大痛点	通过对话放大某个痛点,以触达用户,刺激用户分享内容	通过家长和老师之间的对话放大"中考比高考更残酷"这个痛点
放大情感	人是情感动物,当创作者在对话中渲染某种情感时,往往更易激发用户与创作者的共鸣	通过父女之间的对话,渲染"女儿是小棉袄"的亲情

9.4 击中人性一次,粉丝点赞千次

吸粉,从本质上来说就是满足用户的人性需求,谁的视频号能让用户看得舒服、看得快乐、看到价值,用户自然更愿意关注谁的视频号。因此,视频号创作者必须是一个人性认知大师,要善于迎合目标用户的喜好来设计话题和选题。

9.4.1 贪婪:给用户实惠,他们便关注你

人人都喜欢占便宜,差别在于多和少。只要听说免费,总是有人异常关注,生怕自己错过了。虽然都知道天下没有免费的午餐,但是依然抵挡不住"优惠"甚至"免费"的诱惑。如果审视自己,就会发现自己也常常陷入"1折起、清仓、免费试用"的场景中。视频号创作者在吸粉时可以利用这一人性弱点,让用户感到有便宜可以占,用户自然会关注创作者。

视频号"学生资料库"专注教育内容创作，善于通过持续的教育干货输出锚定用户，给予用户一种"看了就是占大便宜"的感觉，吸引他们关注。

比如在视频《把孩子夸进985靠这6点》中，创作者便通过抛出的六条赞美孩子的秘籍成功吸引了众多用户关注：

1.夸细心——妈妈没想到的，你想到了。

2.夸自信——妈妈喜欢你笑的样子。

3.夸孩子讲道理——你说得很有道理，接着说。

4.夸孩子为人处世——跟你在一起我觉得很开心。

5.夸孩子聪明——你自己动脑筋解决这个问题，你真棒！

6.夸孩子进步——你进步很大，继续努力，一定会超过妈妈！

图9-6 视频号"学生资料库"发布的短视频截图

寥寥数语，击中了家长教育孩子的痛点，给予了他们更有效的解决方案，因此深受用户喜爱。截至2022年1月，该视频被用户转发了1.5万次，获得了6949个赞，如图9-6所示。

那么，创作者如何做才能利用人性中的贪婪来吸引更多粉丝关注呢？在具体操作时，创作者可以根据自身实际，灵活选择三种方法，如表9-7所示。

表9-7 利用人性的贪婪吸引用户关注的方法

方法	解读	举例
免费	通过免费触达用户的贪婪人性，让用户觉得关注创作者能够占到大便宜	时常举办抽奖活动，给予新关注用户一定时限的免费观看付费视频的资格
价值	通过持续输出的干货强化用户的获得感，让用户产生强烈的占便宜感觉	持续输出美妆技巧干货，帮助女性用户用低成本提升颜值
愉悦	让用户获得精神上的超预期的愉悦感，让用户生出强烈的获得感，继而关注创作者	通过幽默搞笑的视频内容，让用户能够在繁忙的工作间隙开怀一笑

9.4.2 虚荣：谁让用户爽，谁就能收获流量

虚荣心是一种扭曲的自尊心，它是自尊心的过度表现，是人们为了获取荣誉、引发别人关注而产生的一种不正常的心理状态。在具体行为上则表现为盲目攀比、好大喜功、过分看重别人的评价、自我表现欲太强。

不管是微博、QQ空间，还是微信朋友圈等社交网络都可以是一个炫耀自己的舞台，互联网时代，自我虚荣心、自我满足感的膨胀超出了以往所有时候。可以说，虚荣心有多大，市场就有多大。如果视频号创作者能够在一定程度上满足用户的虚荣心，那么，就不用愁没有用户关注。

视频号"思维学苑"便善于利用人性中的虚荣心来吸引用户关注，其发布的视频都能给予用户某种满足感。比如在《彭于晏告诉你：自律的人有多可怕！》这条视频中，创作者便以彭于晏为例，全方位赞美自律之人的坚韧和出色，继而吸引用户转发了5905次（截至2022年1月），如图9-7所示。

图 9-7 视频号"思维学苑"发布的短视频截图

在具体操作时，视频号创作者可以用三种方法来满足用户的虚荣心，如表9-8所示。

表9-8 满足用户虚荣心的方法

方法	解读	举例
赞美用户	人人都喜欢被夸奖，当创作者赞美用户时，用户的虚荣心便会在很大程度上得到满足	在别人遇到困难时及时伸手的人上辈子都拯救过地球
贴正面标签	为用户贴上某种正面的标签，通过提升身份、地位、品位等满足用户的虚荣心	蹲下来和孩子说话的家长都是天使，是灵魂最纯净的人
放大价值	通过放大用户群体某一方面的价值，强化他们的成就，继而满足他们的虚荣心	我一直非常敬重医生，为他们英勇的抗疫之举而感动

9.4.3 信心：你让用户积极，用户便为你积极

每个人身上都有不同程度的自卑感，这种心理表现为对自己缺乏正确的认识，在生活中没有自信，做事思虑过多、畏首畏尾、随声附和，没有自己的主见，一遇到事情做错就认为是自己不够好。

不过，自卑是可以通过调整认知和增强自信心来消除的。也就是说，视频号创作者如果能打造出降低用户自卑感的视频，让他们重拾对生活、工作、情感等方面的信心，那么，用户关注视频号的意愿自然会更加强烈。

那么，视频号创作者如何才能满足用户的信心需求呢？创作者可以从三种方法入手，如表9-9所示。

表9-9 满足用户信心需求的方法

方法	解读	举例
鼓励向上	向用户灌输向上的能量，让用户意识到只要不断努力就能变得越来越好	努力，就有成功的希望，原地踏步，就永远不会成功
展示美好	展示美好的东西，帮助用户消除内心的消极情绪	婚姻中，随着时间的推移，爱情会变成亲情
畅想未来	用未来美好的预期引导用户变得更加自信，产生更强的行动意愿	为梦想拼尽全力，梦想便会照进现实

9.5 提升爆款视频产出率

吸引用户关注的最基本也是最有效的操作方法就是提升爆款视频产出率，利用爆款视频的人气无限放大自身在用户眼中的价值，继而吸引他们关注。因为在用户眼中，一条视频能够成为爆款视频，说明其具有价值，有值得挖掘的东西，再加上从众心理，用户必然会对爆款视频青睐有加。

9.5.1 高爆款视频产出率的前提是有好选题

成功从来都不是偶然，爆款视频的出现也是如此。大部分的爆款视频都经过了创作者缜密的策划，而找好选题则是打造爆款视频的第一步，也是最重要的一步。

那么，如何才能找到一个好选题呢？

爆款视频选题特点

通常来讲，爆款视频选题都具备三大特点，如表9-10所示。

表9-10 爆款视频选题的三大特点

特点	解读
受众广	选题的受众要足够广，覆盖面要足够大，视频才有可能获得广泛的关注，成为爆款视频
有痛点	选题必须有痛点，能够让用户与创作者产生共鸣，共鸣越强，产生的传播效果就越好
有热点	选题还需要具备一定的热点属性，这样才能快速吸引用户眼球

爆款视频选题打造步骤

视频号创作者可以通过三个步骤来打造爆款视频选题。

（1）建立选题库。建立一个选题库是为长远做打算，因为爆款视频绝对不是打造一个就够了，所以，建立选题库是未雨绸缪。视频号创作者可以从三个选题来源寻找选题，充实选题库内容，如图9-8所示。

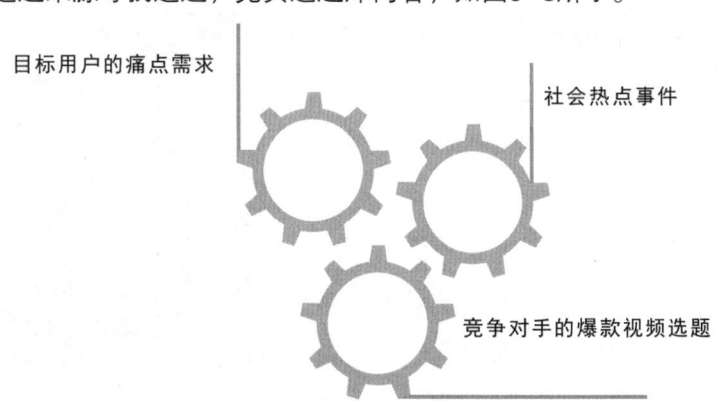

图 9-8 爆款视频选题来源

（2）打造差异化的选题。选题一定要体现差异化才可能让视频成为爆款视频，在打造差异化的过程中需要注意两个定位：一是受众定位，选题受众不能无限放大，要有明确的目标人群；二是特色定位，在策划选题时，创作者要避开对同类事件的主流角度。意思就是大家都在说的、已经被大家说烂的对一件事情的观点，就不要再继续说了。

（3）对选题进行包装。这个包装并不是指后期的包装，而是指选题的提出、逻辑以及分发等多个流程。也就是指选题最初可能只是一个小想法，但要成为爆款视频选题还需要经过细致的打磨。首先，要考虑选题的可行性，是否适合通过视频号传播；其次，要选择好呈现方式，是简单的人物采访还是讲故事；最后，还要考虑选题是以人还是以物为主角。

9.5.2 为视频添加三大爆款属性

视频号"中国新闻网"发布的一条短视频《这个转身太帅！体育中考现场，男生转身扶起摔倒同学！》，讲的是体育中考考试时，男生转身扶起摔倒同学的故事，虽然视频只有短短的十几秒，但却被用户转发了1.3万次，获得了10万多个点赞（截至2022年1月），如图9-9所示。

这条短视频之所以能够成为爆款视频，原因主要有两个：

（1）主题稀缺，正能量满满。中考对每个人的意义不言而喻，能够在体育中考考试过程中转身扶起摔倒的同学，这种主题本身就具备稀缺性，充满了正能量，对用户产

图9-9 视频号"中国新闻网"发布的短视频截图

生了巨大的吸引力。

（2）矛盾突出。体育中考必须取得好成绩，而转身扶起摔倒的同学则会影响到考试成绩，这种强烈的矛盾冲突，让视频更具看点，更吸引用户眼球。

可见，只有视频具有爆款属性，火起来的可能性才会无限提升。在具体操作时，视频号创作者需要为视频添加三大爆款属性，如表9-11所示。

表9-11 视频的三大爆款属性

爆款属性	解读	举例
稀缺感强烈且可持续	越稀缺的东西，人们便越关注，越想了解或得到	女子刷视频发现"另一个自己"，原来是失散多年的姐姐
有强烈冲突的矛盾	冲突越强烈，人物内心的矛盾越鲜明，对用户的吸引力便越大，他们关注的动力就越强	虽然停下来可能得零分，但他还是转身扶起了摔倒的同学
有较强的生活气息	生活化的视频内容，因为用户熟悉、感同身受，更易引发他们情感上的认同	孩子，学校不是你混日子的地方，现在的爽就是在浪费生命

9.5.3 打造爆款视频的五个捷径

打造爆款视频其实也有捷径可循，创作者可以根据自身定位进行灵活选择，从而大大提升爆款视频的产出率。

爆款视频的打造捷径如表9-12所示。

表9-12 爆款视频的打造捷径

打造捷径	解读	举例
构建场景	通过构建某个特定的场景，强化用户的在场感和认同感，继而吸引用户眼球，刺激用户关注	一女子的头发长近20米，最终嫁给了理发师

（续表）

打造捷径	解读	举例
引发好奇	一旦有了好奇心，用户对视频号的内容必然会更为关注，因此，创作者要善于激发用户的好奇心	比如将话说一半，制造悬疑，或者营造神秘感，引发用户联想
提供价值	通过向用户提供有价值的信息，提升视频号在用户心中的分量，吸引用户关注	记住这十点，你会越活越年轻、越活越美丽
名人效应	通过蹭名人、明星的热度，吸引关注名人、明星的用户关注视频号	和明星合拍，与名人进行对话，和大咖在评论区互动
触达痛点	通过将目标用户关注的痛点信息融入视频，吸引用户眼球，引导用户关注视频号	孩子成绩不好？并不是孩子笨，而是你没夸对！

第 10 章

裂变： 背靠社群引爆社交分享

视频号想要做大做好，靠单打独斗取得成功的概率很低，顺利变现的概率也不高。只有背靠社群，做好社交分享，才能依靠快速的信息裂变和价值分享，快速放大视频号价值，打造出强有力的个人品牌。

10.1 定位："三明确"明晰社群方向

前期做好社群的最关键一点是做好定位，因为定位关系到社群未来的发展方向，只有定位准确，社群的未来之路才会更清晰，才不会有天花板。反之，假如定位不准确，便会出现成员价值不高、视频分享活性不足、变现前景黯淡等一系列问题。

10.1.1 明确社群目标

视频号创作者在构建社群前，首先要回答这样一个问题：为什么要建立社群？简而言之，创作者必须明确建立社群的目的是什么，是更好地变现，还是提升用户体验？是为自身编织更广泛的人脉网络，还是为用户搭建社交平台？只有弄清楚了这些，创作者才会在第一时间找到社群的发展方向。

优秀的社群必定会有一个清晰的目标，让大家凝聚在一起"做对的事情"。一个社群，有了共同的目标，或者说共同的任务，有了持续的活动，才会焕发出积极向上的活力，才能实现持续发展。共同的目标和价值观能够增强社群成员之间的情感连接，将原本的弱联结升级为强联结。更为重要的是，社群目标不仅可以激发人们的潜能，将社群成员凝聚在一起，而且还是吸引新成员加入的关键要素。

社群目标是凝聚社群的重要因素之一，社群成员受到目标的吸引，会更加频繁、默契地进行互动，将社群目标内化为自己的追求，这样社群成员对社群就会产生一种强烈的依赖感和归属感，如图10-1所示。

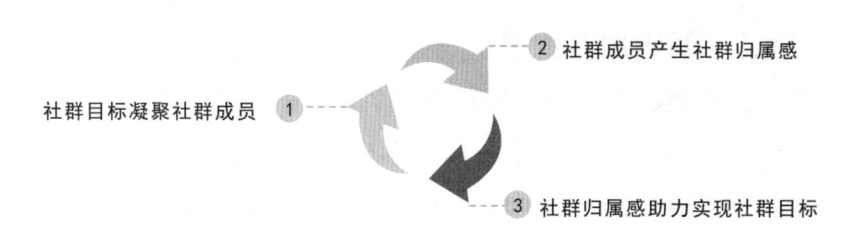

```
社群目标凝聚社群成员  1        2 社群成员产生社群归属感
                              3 社群归属感助力实现社群目标
```

图 10-1　社群目标和社群成员的相互作用

尤其是社群目标具有挑战性的时候，社群成员为了实现自身价值，积极性会更加高涨，会全力以赴地冲破重重障碍，形成相互激励、不断前进的氛围。个体能力的不断提升会推动社群的快速发展。所以，社群目标的确立对社群今后的发展是非常重要的。

10.1.2　明确社群对象

社群有了目标后，还需要确定服务的目标人群。要知道目标是为人设置的，只有聚集更多的人，视频号创作者才能实现预期目标。视频号创作者需要明确社群的目标人群是行业大咖，还是社群精英团体；是财大气粗的大企业家，还是刚开始创业的中小企业老板；是刚刚走进大学校门的大学生，还是在职场上辛勤耕耘的白领；是宝爸宝妈，还是准备孕育下一代的准父母。目标人群的精准定位要严格按照视频号和社群目标进行，如图10-2所示，寻找目标关联群体，杜绝广撒网式胡乱拉人进群。

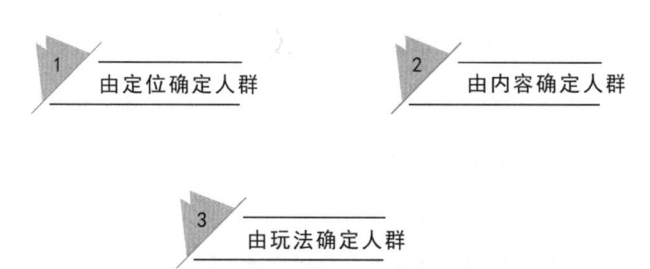

```
1 由定位确定人群        2 由内容确定人群
        3 由玩法确定人群
```

图 10-2　社群目标人群锁定方法

10.1.3 明确准入门槛

社群在定位过程中，门槛是必须明确的要素——合适的门槛高度能够有效筛选用户，以确保用户质量和社群活力。假如社群不设置任何门槛，直接扫个二维码就能进，那么，这样的社群成员必定良莠不齐，彼此话不投机，时间久了社群就会沉默下来，甚至成为死群。

社群准入门槛的设定方法如表10-1所示。

表10-1 社群准入门槛的设定方法

方法	解读	举例
邀请入群	在锁定目标用户后，通过私信邀请将其拉入社群	邀请活跃用户加入，然后通过他们的背书吸引更多价值用户入群
实名入群	为了提升社群成员间的信任度，创作者还可以通过实名制的方法设置入群门槛	用户只有实名认证后才能入群，才能享受到丰富的服务内容，获得诸多权益
收费入群	社群提供了有价值的内容，用户则需要缴纳一定费用才能入群	用户缴纳20元即可入群，入群后可以观看视频号运营培训课程

10.2 管理：目标+模式+制度

社群在吸纳了足够数量的成员后，要保持足够的活力和价值，越做越好，和良好的管理是密不可分的。因此，创作者需要建立精细的管理制度，利用目标、模式和制度无限放大社群的价值。

10.2.1 用明确的社群使命凝聚社群

社群要想从一颗种子健康地成长为一棵参天大树，必须要有自己的目标。正如社会上的每一家公司、每一个团体都有自己明确的目标一样，一个明确的目标，能够让成员知道自己为什么在这个社群中、可以从社群的发展过程中得到什么。这样一来，社群成员才会更有干劲，彼此之间才能形成默契，将所有的力量凝集在一起，共同推动社群的发展。

树立明确的目标

一个群体和一个组织的最大区别在于：组织通常会有一个明确的目标，而且这个目标是非常清晰的，是大家努力的最终方向，是凝聚人心的最大力量。而群体通常缺少共同的目标，仅仅是依靠"兴趣""爱好"等初级连接将一群人暂时地聚集在一起而已。

秋叶凝聚了一群人，确立了一个目标，想要通过"相互学习，共同提升PPT技能"，于是有了现在如日中天的"秋叶PPT"社群；罗振宇凝聚了一群人，想要通过"聚集尽可能多的人，在自媒体上卖产品"，于是有了现在叱咤风云的"罗辑思维"；一个小区的大妈也可以为了"跳好广场舞"而聚集一群人，每天早晚练习一下广场舞，一起参加各种广场舞大赛；一名大学生也可以聚集一群人，以"为留守儿童撑起一片天"为目标，一起行动起来，关爱乡村的留守儿童，让他们变得更加快乐……

也就是说，一个社群必须要有一个基本的主题方向，社群的运营者要积极地引导社群成员围绕着这个主题方向开展各种社交活动，将所有人的力量凝聚在一起。当然，并不是说社群所有的活动都必须绝对地主题化，只能谈论和主题相关的话题，而是说这个主题一定要是社群一切社交活动的最重要部分，不然的话，便很容易导致社群核心成员的流失，社群内容进一步偏离目标方向，从而导致社群最终变成灌水群或者死群。

为了保证社群始终围绕自身目标运作，社群运营者要以身作则，带头发起符合社群主题的社交活动。比如，在线上发起和主题相关的话题讨论，组织一些线下分享聚会，等等。另外，社群运营者要适度地遏制歪楼走题的讨论，引导社群成员的话题和活动方向。

为目标营造外部冲突或者内部冲突，构建使命

很多社群总是执着于拉人进群，却忽视了拉人的最终目的。所以，社群要设立一个目标，构建社群使命，将所有人的力量聚集在一起。目标确立相对比较容易，但要想将目标使命化，就需要社群成员们的不断努力。目标使命化，就是将原本抽象的目标具体化，使之成为社群成员的一种责任。其实，所有的使命都源于外部冲突或内部冲突，所谓"外部冲突"，是指理想环境和现实环境的冲突，"内部冲突"则是指理想自我和现实自我的冲突。

目标的外部冲突相对而言比较好构建使命感。比如，"迎春心理"社群设定的一个"让心理学培养出更优秀的孩子"的目标，就是一个有外部冲突的目标，会让群内的家长成员使命感爆棚，学起心理学知识格外带劲。

内部冲突则不太好构建使命感，但是，这种内部冲突还是不可或缺的。比如，一个健身社群提出"三个月让你的啤酒肚变成健美肌"，这一目标对大肚男士就有很强的吸引力，内部冲突满格，会使拥有啤酒肚的男士产生很强的使命感。

社群目标最理想的状态是外部冲突和内部冲突共存，既有外部的宏大目标，又有内部的自我完善，这样一来，就必然会更加激励社群成员将实现社群目标作为自己的使命。总之，在设定目标的时候，社群要尽量设定外部冲突和内部冲突，构建使命感，继而让社群成员更有凝聚力，更积极主动地去完成自己的使命。

为社群成员提供目标反馈

从人的心理上看，人们习惯掌控，希望尽可能地掌握自身的命运，正所谓"不怕前路难走，就怕不知路在何方"，说的就是人们的这种心理状态。但实际上，人们很多时候都会发现，很多事情其实并不在自己的掌控范围内，于是，人们就会对未来产生一种不安。

同样的道理，人们加入一个社群，和社群内的其他成员一起朝着某个既定目标前进时，最焦虑的不是经历多少困难，而是不知道这种困难在未来还要经历多少。人们总是善于在内心安慰自己，困难是暂时的，咬咬牙就过去了，但是，假如他们看不到未来，这种心理暗示就会失去依托，最终人们就会失去希望。

由此可见，在对社群进行目标管理的过程中，向社群成员提供目标反馈是非常重要的。向社群成员提供的目标反馈能够让社群成员及时地了解离目标的距离还有多远，让社群成员对完成社群目标更有信心。

社群运营者可以定时向社群成员进行反馈，提升社群成员完成目标的信心。比如，减肥社群运营者可以向每个成员进行定期汇报，上个月减了4斤，这个月减了5斤，距离减掉40斤的目标越来越近。如此一来，社群内的每一个人都知道自身距离目标还有多远，了解自己的下一个小目标是什么。

10.2.2 协调员、运营员、内容策划员

公司想要管理得好，需要设置关键性的岗位，诸如首席执行官、部门主管、财务主管等。社群管理也是同样的道理，想要将社群管理得井井有条，就必须设置关键岗位，以此打通社群运行的"任督二脉"，促使社群良性运行。那么，对一个初建社群而言，要设立哪些关键岗位呢？

协调员

社群建立之后，最重要的任务主要有两个：一个是拉新，另一个是确认各个社群成员的身份，使社群彻底地稳定下来。这两个任务也是社群协调员的任务，即不断地为社群吸收新的社群成员，并将这些新社群成员归类，协调好社群运营者和社群成员以及各社群成员之间的关系，如表10-2所示。

表10-2 协调员的职责

职责	解读
拉新	协调员需要协调社群同外部的关系，通过包装社群产品、服务来提升社群自身的品牌形象，不断地提升社群的吸引力

（续表）

职责	解读
确认身份	协调员还需要协调社群运营者和社群成员以及各社群成员之间的关系，确认社群成员在社群中的身份

运营员

社群运营员的主要职责是维护社群的日常运营。一个社群成立之后，需要不断地策划活动，活跃社群气氛，提升社群品牌含金量。运营员的职责具体如表10-3所示。

表10-3 运营员的职责

职责	解读	举例
确定阶段目标	阶段目标是建群目标的分解，小目标制定得好，就能够最大限度地凝聚社群成员力量，大幅提升社群成员对社群的期待感	建群目标是健身减肥，小目标可以是每周减去多少、每月减去多少，这些小目标需要运营员根据社群成员状态制定
联系名人	代表社群同名人联络对接，约定好活动具体时间、活动步骤等事项	邀请一些行业内大咖、意见领袖、社会名人来社群做活动
组织线下活动	为线下活动选择合适的地点，协调好参加活动的各类人员的日程，保证活动能够顺利开展，并取得预期效果	减肥社群举办"年度最佳减肥先生/小姐"酒会，运营员确定酒会举办地点、时间、所需酒品等

内容策划员

一个社群要想获得强大的吸引力和生命力，内容是最重要的一环，只要内容做得好，就能吸引到更多人关注，促使社群不断地进行"新陈代谢"。更重要的是，持续的、高质量的有效内容输出，会为社群成员提供持续不断的价值，让社群成员沉淀下来，成为社群最忠诚的一分子。

内容策划员的职责如表10-4所示。

表10-4 内容策划员的职责

职责	解读
策划话题	需要结合社群定位进行话题策划，生产出适合社群互动的话题，用话题引导社群成员展开讨论，产生更多的内容

（续表）

职责	解读
生产内容	针对社群成员的具体需求生产具体内容，所生产的内容必须要有价值，符合社群成员的具体需求
沉淀用户	通过对个性内容的创造来沉淀用户，大幅提升用户的体验感和期待感，为社群培养一批"铁粉"，让社群获得更大力度的支持

10.2.3 环形结构+金字塔结构

一个社群，成员多了，自然而然地会衍生出各种角色，细分这些角色，对确定社群管理模式有着至关重要的作用。一般而言，一个社群中通常存在着六种角色，如表10-5所示。

表10-5 社群中的六种角色

角色	解读
组织者	这类社群成员通常负责社群的日常管理和维护，参与社群的实际运营。这类人通常也是社群内的活跃分子，会积极地在社群内发起话题和开展活动
思考者	这类人堪称社群内的灵魂人物，在社群成员中拥有比较高的威信，一言一行都对其他社群成员有着很大的影响力
清谈者	这类社群成员往往是社群的开心果，能够轻松自如地接受大家的调侃，让社群氛围变得更加活跃，使得整个社群气氛更和谐
求教者	这类社群成员会提出自己所遇到的各种困难，有技术上的，还有情感上的，甚至有经济上的，希望能够得到社群其他成员的帮助
围观者	这类社群成员是社群中的"潜水者"，习惯围观别的社群成员间的话题讨论，偶尔会插一句话，但是很快又会消失在大家的视野中
挑战者	这类社群成员加入社群之后，往往会对社群的管理方式提出质疑，抑或对社群的沟通交流方式提出异议

所有的社群，从社群成员的视角来看，不外乎有两个功能，一个是社交功能，加入社群是为了交到更多的朋友，了解到更多的行业信息；另一个则是学习功能，学习新的知识技能，学习别人如何做管理、卖产品。所以，以

此为出发点，社群管理其实不外乎两种模式，一种是基于社交需求的环形结构，另一种是基于学习需求的金字塔结构。

环形结构

在环形结构社群中，每一次社群交流，社群中每个人的身份都是可以相互交换、变化的，但是，一个群里面必须至少存在一个活跃的灵魂人物。这个灵魂人物可能身兼思考者、组织者等多个身份。假如一个群存在着多个活跃者，那么，这个群不但生命力很强，而且还会碰撞出很多火花。

环形结构的社群因为成员间的身份可以互换，所以，在群规设置上难以严格，在操作上有很大的弹性空间。在管理这类社群时，需要在坚持群规的基础上保持适度的灰度法则。

金字塔结构

金字塔结构的社群恰恰和环形结构的社群相反，在金字塔结构社群中，社群内部一定会存在着一个高影响力的人，其位于金字塔顶端，为了便于管理社群，会发展一些组织者帮助管理。而社群内的成员往往都是冲着高影响力的人物来的，是在其影响下加入社群的。

所以，金字塔结构的社群必须要制定严格的群规，不然的话，每个社群成员都想直接和高影响力的人（社群思考者）对话，那么，高影响力人物就不会有时间进行任何有效的活动。在金字塔结构的社群内，最有效的运行模式是让高影响力人物定期进行分享，由组织者进行日常的社群管理工作。

总之，不管是环形结构社群还是金字塔结构社群，都需要群规。正所谓"没有规矩，不成方圆"，主要在于把握一个适合的"度"，既要维护社群内部愉悦、和谐的氛围，也要充分调动起社群成员互动的积极性，使社群拥有更强的生命力。

10.2.4　结合社群定位制定规则

正所谓"没有规矩，不成方圆"，一个公司想要做好做大，必须要有适合自身发展的规章制度，用来规范员工的日常行为和公司管理的方向，保证公司始终走在正确的道路上。管理社群也是同样的道理，要想让社群良好地运行，并且焕发出强大的吸引力和生命力，能够始终保持和谐、快乐的氛围，就需要建立起适合自身的规章制度。

那么，社群在结合自身定位的前提下，具体从哪些方面来制定规则呢？

设立入群"门槛"

社群建立自身制度，一个首要的方面是设立社群入群"门槛"。所谓"社群入群'门槛'"，其实就是根据社群自身定位而设置的针对粉丝的一种筛选制度，通过制定相应的入群规则，社群运营者能够更好地管控社群成员的质量，保证社群的健康发展。

社群运营者可以从入群收费标准、入群承接任务数量和难度、入群成员从事的职业、入群成员的学历水平、入群成员的个人资产规模等方面入手，结合社群定位，制定出一个最恰当的"门槛"，将适合自身发展的粉丝吸纳为社群的正式成员。

建立社群发言制度

随着社群成员规模的扩大，建立相应的发言制度也就成了社群面临的迫切任务。毕竟在一个社群中，每个成员都有着自己的诉求，单一领域的社群也不能保证所有的成员都关注一个话题、成员的兴趣只集中于一个领域。所以，社群运营者要建立社群的发言制度，避免社群成员之间出现摩擦、冲突，引导社群成员更好地关注社群内容。

合理设定"灌水"时间。假如社群实行的是全天禁言制度，仅仅是将一些自认为有趣的活动搬进社群，想要仅仅依靠活动来带动起社群内部的气氛，那么久而久之，社群成员就会丧失对社群关注的热情。最终，整个社群就会变得缺乏生机，丧失活跃度，渐渐地沦为一个"死群"。

合理设置广告时间。社群发言制度的一个重要关注焦点就是广告时间，因为很多成员会在社群内发布广告，假如广告发布得太频繁，那么，就会在很大程度上影响其他社群成员的体验感，导致社群品牌价值下降。

设立社群奖惩机制

为了调动社群成员的活动积极性，保证社群的健康发展，社群就需要建立起奖惩机制。通过这一机制，社群可以对作出贡献的社群成员进行奖励，对影响社群发展、破坏社群和谐的社群成员进行处罚。

（1）社群奖励。当社群中有成员在任务中表现突出，为社群的成长壮大作出了巨大的贡献，抑或在日常活动中能够积极主动地推广社群，提升了社群品牌知名度……这个时候，社群就需要对该成员进行奖励，并在群内进行公开表扬。

（2）社群惩罚。有奖励制度，自然也需要惩罚制度。假如社群成员的言行对社群发展产生了负面影响，严重影响社群品牌形象，或者违反社群的规章制度，此时，社群就需要根据情节严重程度对其进行相应的惩罚。从某种意义上来说，惩罚是保障社群健康运行的基础，就好比现实社会，法律规章具有巨大的威慑作用，可以保证社会相对公平公正，维持社会秩序。

10.3　激活："品牌+内容+活动"提升活跃度

没有社群成员的社群是空城，有了社群成员没有活跃度的社群则是死水一潭，对创作者并没有什么价值。只有社群活跃起来，用户之间能够产生强烈的化学反应，社群的价值才会被无限放大。因此，创作者需要通过塑造社群品牌、输出价值内容和组织社群活动，保持社群的活跃度。

10.3.1　社群品牌化

社群若有自己的品牌影响力，那么其在社群成员眼中就更有吸引力、更有威信。因此，视频号创作者在打造社群时，需要制定品牌化战略，以品牌提升社群成员的成就感和获得感，推动他们更加积极地传递社群信息。

那么，一个社群，如何走品牌化之路呢？创作者可以从三种方法入手，如表10-6所示。

表10-6 社群品牌化的方法

方法	解读	举例
打造绝对信任	社群有品牌影响力的一个重要前提是获得了社群成员的绝对信任，因为任何一个品牌都是建立在信任的基础之上，缺少信任的品牌就犹如没有地基的楼阁，会在风雨中轰然倒塌	通过提升社群的产品和服务品质，消除社群成员的需求痛点，提升社群成员的工作能力，从而使社群在短期内快速获得社群成员的信任
品牌活动简单可行	社群的品牌化打造之路不能太过复杂，越简单，越吸引社群成员。一方面，社群规则要简单易懂，不能过于烦琐；另一方面，社群风格要活泼自由，让社群成员体会到发自内心的舒适	比如社群所举办的活动，要简单、易操作，让社群成员一听就明白，参与步骤要简便，最大限度地降低社群成员的参与成本
价值出乎意料	社群有品牌影响力的一个重要的表现是社群能够为社群成员提供出乎意料的价值，能够带给社群成员意想不到的惊喜，让社群成员觉得自己占了大便宜	社群除了要有常规的内容和活动之外，还需要向社群成员提供一些增值产品和服务

10.3.2 内容娱乐化

娱乐已经成了人们的一种生活态度，一种生活方式，一种精神上的需求。在这种日益娱乐化的社会大背景下，娱乐文化将娱乐、传媒、经济、文化等元素凝集在了一起，几乎将每个人都裹挟其中。可以说娱乐正在成为这个社会的"第二种货币"，且正在通过传媒渠道实现大众化流通。娱乐化的内容可以广泛地吸引大众的注意力，以其无所不在的影响力逐渐渗透到人们生活的方方面面，内容的娱乐化已经成了一种趋势和战略选择。

因此，社群内容要秉持娱乐化战略，满足社群成员的愉悦需求。在具体操作时，创作者可以用三种方法为社群注入娱乐化内容，如表10-7所示。

表10-7　为社群注入娱乐化内容的方法

方法	解读	举例
善于吐槽	社群内容可以针对社群成员关注的问题进行"吐槽"，以此激发大家的参与感，营造社群的活跃氛围	面对机遇，不是每个人都能"二选一"，即使仅有的一个，我们也需要奋斗几年甚至十几年才能抓住
娱人娱心	社群的内容娱乐化必须要从"心"开始，通过走心的文案将快乐植入社群成员的心坎里	通过生活娱乐化、场景娱乐化、情感错位、感官放大等方法，将幽默和情感结合在一起，制造娱乐效果
打造"群红"	人人都是明星。一个集体有一个红人，任何时候都不会寂寞，社群也是如此，有了"群红"，也会终日话题不断，笑声一片	一方面，创作者可以培养其亲友成为"群红"；另一方面，也可以从社群成员中发掘人才，给予一定的扶持，帮助其成为"群红"

10.3.3　活动系列化

想要最大限度地激活社群，提升整个社群的活跃度，视频号创作者还需要借助活动的力量。那么，如何利用活动激活整个社群呢？简单、高效的方法就是定期举办活动，通过发红包、抽奖等活动提升用户的活跃度。

社群活动可以是线上的，也可以是线下的，诸如邀请大咖参与的线上研讨会，或者举办线下酒会，等等。

在举办社群活动时，为了提升活动的触达率，创作者需要遵循三个原则，如表10-8所示。

表10-8 高效活动的原则

原则	解读	举例
低	活动成本要低，因为只有低成本才具有可持续性，而可持续的活动才能不断地触达用户	定期举办抢红包活动，红包数额根据自己的实力确定
短	活动的耗时要短，环节不要设置太多，因为人们都倾向于简单而讨厌复杂烦琐，只有操作简单的活动才更易于吸引人	以抽奖活动为例，时间要短，操作要简单，只要是社群成员，动动手指便可参与
高频	频次要有保证、有计划性，不能今天想起来就举办，明天想不起来就不办	定时、定点举办社群抽奖活动，提升社群成员忠诚度

10.4 推广：用对战术，精准触达用户

社群的影响力大不大，关系到社群变现的潜力，而想要快速提升社群的影响力，创作者便需要使用精准战术让社群触达用户。特别是在"酒香也怕巷子深"的移动互联网时代，只有做好了推广，社群的价值才会被无限放大。

10.4.1 口碑战术

口碑对于社群推广一向都是"最好的广告"，这种推广行为广泛地作用于社群成员的亲戚圈、朋友圈、同事圈等社交圈子。也就是说，社群口碑打造得当，社群成员便会主动成为社群的宣传员和推销员。

创作者可以从用三种方法来推动社群成员进行口碑传播，如表10-9所示。

表10-9 推动社群成员进行口碑传播的方法

方法	解读
降低期望值，提升满意度	社群成员对社群的收获感如同分子，而对社群的期望值则如同分母，在收获感不变的前提下，期望值越高，社群成员的满意度就越低。因此，只有降低社群成员的期望值才能最大限度地提升他们对社群的满意度，刺激他们的口碑分享行为
抢占创新制高点	社群的影响力主要表现在创新上，若社群的产品、服务、内容等具备足够的"创新势能"，能够做成精品，便会刺激用户自发进行口碑传播
借助公益话题塑造口碑	公益话题总是带有一丝神圣、火热、博爱的色彩，比如关爱弱势群体行动、环保活动等话题，借助这些话题可以很好地塑造口碑

10.4.2 狼群战术

狼的个体作战能力在动物世界中可能算不上强大，但是当许多狼集合在一起的时候，整个狼群的作战能力却足以击垮动物世界中的王者。创作者在推广社群时，其实也可以借鉴狼群战术，建立自己的社群集群，形成"狼群效应"。

狼群战术的运用方法如表10-10所示。

表10-10 狼群战术的运用方法

方法	解读
建立核心群	想要高效利用狼群战术，首先要有有战斗力的"狼群"，也就是核心群。核心群内的成员必须高度认同社群的价值观和文化，兴趣、三观相同或者相似。核心群成员的主要作用是通过生产优质内容，培育社群品牌，向同类相关社群渗透
强化"头狼"作用	社群不能"群狼无首"，而是要培养出一只"头狼"，这只"头狼"首先自己的能力要足够强大，其次还要能够起到一个串联协作的作用，能够将整个社群的战斗力激发到最大

（续表）

方法	解读
鼓励成员建子社群	创作者可以采取奖励、补贴、折扣等方式推动社群成员在各个社交平台上建立子社群，将这些社群同核心群进行关联，最终形成一种"核心群+子社群"的社群生态模式

10.4.3 攻城战术

社群在推广时，创作者可以发布推广任务，承诺任务奖励，激励社群成员积极完成。这样一来，在利益的引导诱惑下，社群成员自然会积极主动地分享社群信息。

在运用攻城战术推广社群时，创作者可以从两种方法入手，如表10-11所示。

表10-11 攻城战术的运用方法

方法	解读	举例
发布有期待感的任务	发布的任务必须适合社群内的大多数成员去完成，必定要使社群成员有一定的期待感	在朋友圈转发10次送半年免费课程
树立榜样	对积极承接任务和高质量完成推广分享任务的社群成员进行嘉奖，将其中特别出色的社群成员树立为榜样，给予额外的物质或者精神奖励	×××超额完成任务，奖励其1台格力空调；×××对提升社群影响力作出了巨大贡献，将成为合伙人

10.4.4 诱饵战术

社群推广的诱饵战术，是指社群通过有价值的载体在群内引起社群成员关注，制造轰动效应，继而诱导社群成员分享转发的方法。

想要用好诱饵战术，创作者需要借助三种方法发力，如表10-12所示。

表10-12 诱饵战术的运用方法

方法	解读
"干货"分享	假如社群有优质的内容,那么,推广的最好方法就是以"干货"引导社群成员积极分享
试用或赠送产品	利用新产品的试用机会提高社群成员的分享热情,由此社群便能用免费的名头快速地提升人气,赢得用户关注,让自身产品和内容成为大众谈论的焦点,形成围观效应,加速社群推广进程
抽奖	正所谓"天下熙熙,皆为利来",对用户而言,奖品总是有着巨大的诱惑,他们总会幻想着自己能够中一次大奖,捧得奖品归

10.5 运营:用内容和话题绑定用户

社群运营得好不好,将直接关系到社群的裂变能力,关系到社群的发展潜力。因此,创作者需要掌握一定的社群运营技巧,运用内容和话题绑定用户、刺激用户,将良好的社群形象深深地烙印于用户心中。

10.5.1 用有价值的内容锚定用户

对创作者而言,想要做好社群运营,持续性的、高价值的内容输出是非常重要的。那么,什么才是高价值的内容呢?社群内容对用户来说必须具有某种使用价值,只有这样,用户才会更加重视社群,更加积极地参与到社群的运营中。

一个社群本质上是一款产品

一个社群本质上就是一款互联网产品,想要做好这款产品,创作者需要明确社群成员的真实需求。从本质上看,做社群和做产品是一个道理,必须先为其定一个基调,而不是做成百科全书式的杂货铺。也就是说,想要在内容上做出特色,社群要紧紧地围绕着社群的核心价值点展开。

社群内容生产要立足于社群成员的需求

对社群成员而言,什么样的内容最有价值?答案很明显,能够满足其需求的内容。因此,想要做好社群运营,创作者必须立足于社群成员的实际需求,如表10-13所示,有针对性地输出内容。

表10-13　社群成员的需求类型

需求类型	解读	举例
刚需	只有抓住了社群成员的刚需,社群内容才具备价值,对社群成员的吸引力才会更大	美妆社群,视频号创作者每天发布一个淡妆出彩技巧
痛点	假如能够找准社群成员的痛点,有针对性地生产内容,那么,社群内容自然会火爆起来	美妆社群针对社群成员化妆时间普遍较长的痛点,推出"10秒化妆技巧"
高频	针对社群成员的高频需求来生产内容,可实现社群的可持续发展	美妆社群,发布"如何正确使用卸妆水,保护容颜不受化学成分伤害"

引导社群成员进行"自生产"

社群的持续发展,除了需要运营者不断"输血"之外,还需要社群成员"造血",进行内容"自生产"。这种内容由于出自社群成员之手,因此成员参与度高,对痛点的挖掘更到位,往往更易于在社群中引发共鸣,为社群提升人气、快速推广提供源源不断的动力。

那么,如何引导社群成员产出内容呢?通常来讲,创作者可以结合自身实际情况,灵活选择三种方法,如表10-14所示。

表10-14　引导社群成员进行"自生产"的方法

方法	解读
物质引导	要鼓励社群成员在社群中分享优质内容,可以对积极的社群成员给予一定物质奖励,推动他们更主动地制造话题,分享优质内容

（续表）

方法	解读
邀请专业人士	在社群中往往会有在专业领域比较强的成员，所分享的话题和内容相对于一般成员来说更易爆火，更易激发大家的参与感，引导大家生产内容
抛砖引玉	先抛出一个话题，然后围绕这个话题进行预热，做一些分享活动，吸引社群其他成员关注，最终刺激社群成员产出内容

10.5.2 设置话题激活用户参与感

话题是提升社群活性的一剂良药，是社群运营一个绕不开的点。话题设置合理，能够为社群发展注入源源不绝的动力；话题设置不合理，则会将社群引向两个极端：要么引发社群成员间的争论，导致大家水火不容，要么大家都觉得无趣，使得社群内部气氛如同死寂。

从本质上看，话题设置不在于数量多少，而在于价值高低，只有有价值的话题才能推动社群成员进行有序讨论，进一步活跃社群气氛，促使社群进行社交裂变。

做好话题筛选

盘活一个社群靠的是社群运营者和社群成员之间以及社群成员和社群成员之间的互动，而互动依靠的则是话题——话题越有价值，社群活性就越高，裂变潜力就越大。

那么，什么样的话题才能抓住用户呢？这个问题其实很好回答，想一想，一个人对什么样的话题感兴趣呢？对什么样的内容比较关注呢？内容想要引起一个人的关注，无非有三点。

（1）内容有用，别人看了长知识、增见识。

（2）内容有趣，能够在精神层面上愉悦大众，让人看了舒心、幸福，看了想笑。

（3）内容有爆点，爆出了第一手信息，抓住了人们的好奇心和窥探欲。

有场景的话题才有价值

一般而言，相对于抽象化的事物，人们更乐于亲近和接受场景化的事物。场景即为情境，当人们身临其境的时候，就会感受到自己有必要做出某种选择，这就是场景化的魅力所在。假如创作者在进行话题策划时为话题加入场景元素，那么，该话题在某种场景下便更容易被无限放大，从而被引爆。

话题加入场景的方法有两种，如表10-15所示。

表10-15 话题加入场景的方法

方法	解读	举例
聚焦小众	按照各个"小众用户"的喜好设置场景，这样就能做到话题场景化，将场景抛给最合适的人	针对社群内的女性群体构建"美颜塑体"场景，针对社群中的中老年成员构建"养生长寿"场景，等等
聚焦典型	抽取典型的场景，以共识引发用户强烈的认同感	美妆社群的相亲场景，减肥社群的聚餐场景，等等

第 11 章

变现：将人气变为价值的六个商业密码

对大多视频号创作者来说，把视频号做强做火，最终的目的还是让其变现，从中获得真金白银的收入。因此，视频号创作者需要掌握一定的变现途径，需要获取视频号商业变现密码，这样才能有针对性地提升视频号的价值，最终快速、高效地将人气、流量和知识转化为切实的利益。

11.1 用户愿意为什么付费

视频号想要顺利完成变现，一个最基础的条件是能够吸引用户，满足用户相应的需求。因为只有让用户喜欢，让用户觉得有价值，他们才会愿意为创作者摇旗呐喊，乐于花费一定的金钱来支持创作者。

11.1.1 即时性

第一个登上月球的人会永远被人铭记，第二个登上月球的人却往往被人遗忘。同样的道理，一种新观点的提出，往往会吸引用户关注；首次报道热点的媒体，往往会成功登上头条……在这些现象中都能看到即时性的身影，即能在第一时间报道某个事件或解读某一热点，成为行业中"第一个吃螃蟹的人"。

具体而言，视频号的即时性的主要表现有三个，如图11-1所示。

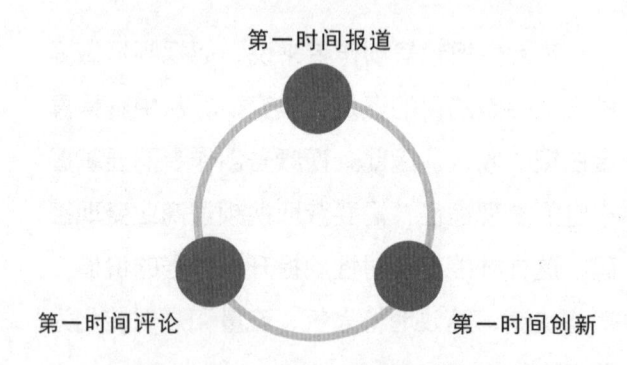

图 11-1 视频号即时性的三个表现

那么，如何才能让视频号具备即时性的特点呢？在实际操作时，创作者可以结合自身定位灵活选择三种方法，如表11-1所示。

表11-1 打造即时性的方法

方法	解读	举例
报新鲜事	生活中发生的新鲜事，要在第一时间报道，将其融入视频内容，便会对用户产生很强的吸引力	被不拴绳的狗咬伤后，我是这样一步步维权的
抢热点	当某一热点发生后，创作者需要在第一时间切入，或跟踪报道，或深度解读	77天1.6亿元，我从明朝开始打工也挣不到
造概念	创作者可以制造新词汇、新概念，以某种理论研究者的身份提升自身在用户眼中的价值	词语营销理论发起人和研究者

11.1.2 有个性

有个性的人往往更容易在茫茫人海中吸引别人的关注，有个性的视频号自然也会在用户眼中更具有关注价值。因此，创作者需要让自己的视频号看起来更具有个性、辨识度，如此变现时才会更容易。

具体而言，视频号的个性主要体现在三个方面，如图11-2所示。

图 11-2 体现视频号个性的三个方面

那么，视频号如何才能更具个性呢？创作者可以结合自身定位和实际情况，灵活采用三种方法来让视频号更具个性，如表11-2所示。

表11-2 打造视频号个性的方法

方法	解读	举例
贴标签	为自己贴上某一特定标签，用特定标签强化视频号个性，继而在用户心中留下更深的印象	美妆视频号贴上"欧美妆大师"的标签
做强化	通过强化风格印记和提升干货数量，提升视频号在用户眼中的辨识度和价值感	旅游视频号创作者每到一个地方都会在当地标志性建筑前来个一字马
逆思维	通过逆向思维，以违反基本思维规律的语言和行为来提升视频号在用户眼中的个性	人人都觉得运动好，但你的视频号却专注于输出运动可能会带来诸多伤害的内容

11.1.3 提升性

用户除了愿意为即时性和个性付费外，还乐于为提升自身能力、价值而付费。因此，具备提升性的视频号往往也容易获得用户青睐，从而让用户愿意付费观看。简而言之，视频号对用户的提升性越强，其在用户眼中的价值便越高，用户愿意为其付费的倾向也越强烈。

具体而言，视频号的提升性主要表现在三个方面，如图11-3所示。

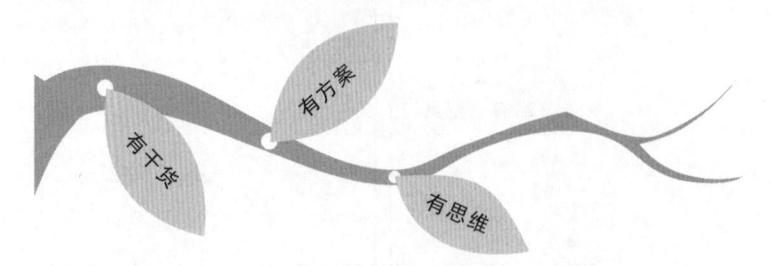

图11-3 视频号具备提升性的三个表现

在具体操作时，视频号创作者可以结合自身实际情况，灵活选择三种方法放大视频号的提升性，如表11-3所示。

表11-3 放大视频号提升性的方法

方法	解读
增加"干货"数量	通过增加"干货"数量,继而提升视频号的总体价值,令用户更加重视,赢得用户的信任
提供高性价比方案	向用户提供的问题解决方案要有高性价比,这样的视频号在用户眼中才更具有提升性
加大创新力度	提升视频内容思维上的创新性,让用户可以从视频号中汲取更丰富的营养

11.2 知识付费变现

不管什么时代,知识都可以转化为收益,特别是在互联网经济时代,时空距离被无限压缩,知识转化为收益的便利性更是被无限放大。因此,视频号创作者可以通过持续输出高价值的知识顺利、高效地完成变现,获得可观收益。

11.2.1 卖课程

对专业能力较强的视频号创作者而言,销售培训课程是一个非常好的知识变现途径。特别是在当前各行各业竞争日趋激烈的大背景下,不管是小学生还是职场白领,都需要持续提升自身能力,才不至于被时代抛弃。

视频号"英语雪梨老师"的创作者是香港中文大学翻译硕士,是北京TOP级教育机构名师。通过在视频号持续输出专业的英语教育内容,视频号"英语雪梨老师"逐渐在家长和学生心中树立起了"超级专业"的品牌形象。如此一来,有英语学习需求的用户便会通过其主页小商店程序购买培训课程,如图11-4所示。

那么，如何才能像"英语雪梨老师"一样顺利、高效地通过培训课程来完成变现呢？我们可以借鉴一下她的运营方式。

（1）展现知识的魅力。"英语雪梨老师"的视频号不以娱乐、猎奇内容为卖点，注重的是专业能力的展示，通过持续且专业的知识输出强化自身价值，打造个人品牌。只有获得用户的认可和信任，创作者才能顺利地完成变现。

（2）放大课程卖点。创作者销售的课程要有足够的卖点，要能帮助用户快速提升某一能力，诸如口才、职业技能、心理素质等，有卖点才能快速吸引用户关注，才能激发用户的消费欲望。"英语雪梨老师"的英语系列培训课程，便通过"完美发音"这一卖点，吸引了众多用户下单。

图 11-4 视频号"英语雪梨老师"销售的培训课程

（3）降低用户付出的成本，让用户觉得自己占了大便宜。让用户觉得相对于获得的价值，所付出的成本非常值得。比如，强调降低时间成本——"速成"，强调降低金钱成本——"买一送一"，等等。

11.2.2 卖会员

知识付费变现，除了卖课程以外，视频号创作者还可以通过卖会员的形式完成。简而言之，就是创作者创建有价值的社群，然后通过向加入的用户收取会员费的形式获得实实在在的收益。

比如视频号"龚文祥与触电会",其在线上教用户如何玩视频号、如何变现、如何做电商等,这些技巧分享都是免费的。但是如果用户想要获得更大的支持,比如更有价值的粉丝、更有价值的商业转化渠道,就需要购买会员加入"触电会"。

在收费会员的运营中,视频号创作者可以从三大方面提升用户购买会员的积极性。

第一,提升会员含金量。会员含金量越高,对用户的吸引力便越强。视频号创作者可以通过给予特权、提供赚钱渠道、提升职业技能等方式强化会员在用户眼中的含金量,提高用户购买会员的意愿。

第二,高质量免费内容引流。不管你的定位是什么行业,诸如政治、经济、历史、民生、社会、互联网等领域,想要成功卖出会员,必须做好免费内容,利用免费的"干货"打造个人品牌。如此,用户才会考虑购买会员。

第三,为用户提供社交机会。在用户群体中,有一部分人缺少身份认同感与社交满足感,视频号创作者可以通过强化会员的社交属性来吸引这部分用户购买会员,以满足他们的需求。比如,定期举办线上视频聚会或线下酒会等。

11.3 电商变现

当视频号创作者通过持续的内容输出打响个人品牌后,还可依托微信体系,通过电商的形式顺利完成变现。比如,视频号"李子柒"的创作者便是通过在其视频号嵌入商店的形式卖出了成千上万件商品,获得了实实在在的收益。

11.3.1 微信小店

随着视频号的开通，微信商业体系变得更加完善。微信之前已经在公众号平台上推出了可以销售商品的小店，为创作者提供了直接变现的途径。因此，创作者可以通过在视频号主页链接微信小店的方式，吸引用户点击购买商品。

视频号"手绘大世界羽欣"，专注于优质绘画内容输出，因为技巧讲解到位，且能够将绘画和具体的场景结合起来引发用户与创作者强烈的情感共鸣，因此深得用户喜爱。在此基础上，视频号"手绘大世界羽欣"便将自己的微信小店链接到了视频号主页，通过销售绘画作品和课程来完成变现，如图11-5所示。

图 11-5 视频号"手绘大世界羽欣"主页上的商店入口

那么，视频号创作者如何才能将微信小店嵌入视频号主页呢？视频号创作者可以通过两个步骤实现这一目的。

步骤一，点击视频号首页右上角的"…"按钮，进入视频号设置页面，如图11-6所示。

步骤二，进入视频号设置页面后，点击"我的商店"按钮，选择需要关联的小商店后，点击下方的"关联小商店"按钮即可。

假如创作者没有可以关联的商店，还可以点击"免费开店"或者"绑定已有小程序"按钮，来开通微信小店或者关联相关小程序，如图11-7所示。

图11-6 视频号设置页面　　　　图11-7 无关联商店页面

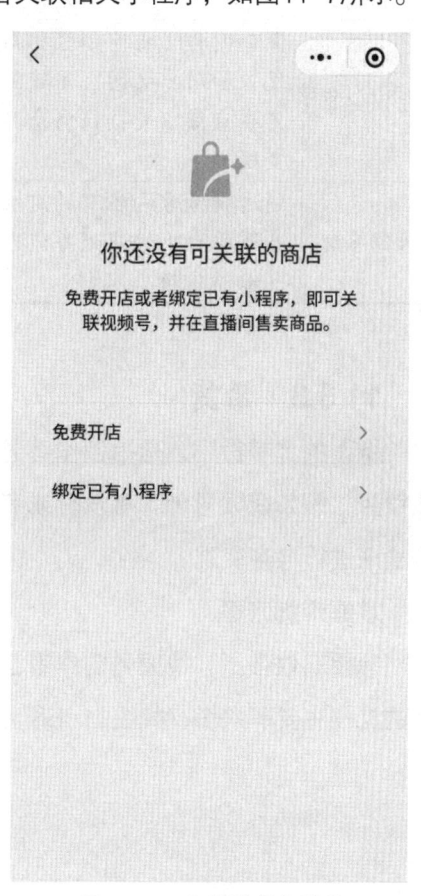

11.3.2 直播

除了直接利用微信小店变现以外,视频号创作者还可以采用直播的方式来顺利变现。相对于短视频,直播的互动性更强,既可直接卖货,又可为已有店铺导流,如果做好了,那就可以让创作者很快地获得实际的收益。

具体而言,创作者可以结合自身实际情况,灵活选择两种直播变现形式,如表11-4所示。

表11-4 直播的变现形式

形式	解读	举例
直接卖货	假如创作者之前已经积累了较高的人气,和用户之间有了较强的信任,便可在直播中直接销售商品,顺利完成变现	定位美妆的创作者,在直播中向用户推荐某个品牌的防晒霜和保湿液
店铺导流	通过视频号向已有的淘宝、天猫、京东等平台上的店铺导流,提升店铺人气和销售额	在简介、视频中关联淘宝、天猫、京东等平台上的店铺,为其导流

11.3.3 带货

所谓的"带货",是指创作者通过使用、推荐等方式成功激发用户的消费欲望。假如视频号创作者没有或者是缺少商品渠道,那就可以采用带货的方式来进行电商变现。

掌握带货流程

想要高效带货,视频号创作者首先需要了解带货的流程。具体而言,带货的流程主要有六个,如图11-8所示。

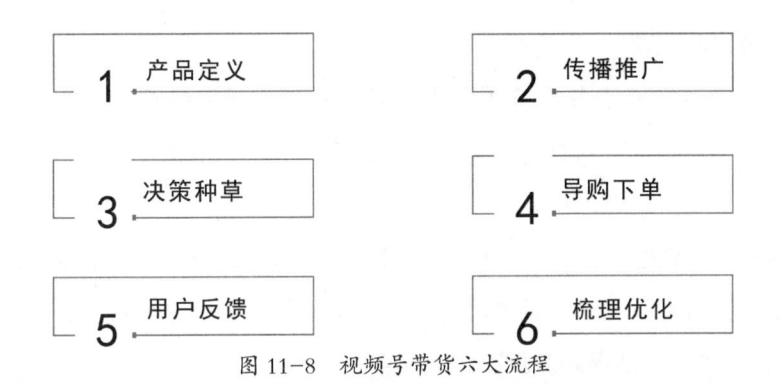

1. 产品定义
2. 传播推广
3. 决策种草
4. 导购下单
5. 用户反馈
6. 梳理优化

图 11-8　视频号带货六大流程

选好带货产品

想要带货成功，选品是关键。产品选择有三大要点：一是产品质量要好，这需要亲身测试加市场调研；二是产品要有高性价比，这是用户在短视频平台购买商品的关键考虑点；三是产品要和粉丝的属性相匹配，比如，创作者的粉丝是妈妈群体，那么，创作者选择的产品最好是母婴类产品或是日常生活用品类产品。比如，在罗永浩的粉丝中，男性占比非常高，如果让他卖化妆品或是护肤品，那肯定与他的粉丝属性不匹配。

紧紧围绕产品来带货

不管是利用什么形式来带货，都一定要紧紧围绕"产品"这个核心，可参考以下三点。

一是介绍产品故事。比如，该产品的开发过程有什么故事，或是产品的品牌有什么故事，通过讲故事可以加强用户对品牌的认知。

二是介绍产品成分。在带货时一定要用通俗易懂的语言对产品成分进行介绍，因为随着消费安全意识的提高，用户越来越重视产品的安全。同时介绍产品成分，也可体现专业度，增强用户的信任感。

三是介绍产品功效。用户买产品的目的就是解决问题，所以，一定要说明产品能解决什么样的问题，但要记住不要夸大产品效用，否则会适得其反。

摸透用户心理

心理学在任何消费领域都适用。创作者其实就是导购员，作为导购员就要摸透用户心理，对其心智进行挖掘，最终实现刺激消费的目的。一般而言，可以从以下几点入手。

第一，从众心理。人们在做选择时，很容易受到群体行为影响。所以我们在做视频时可以强调"该产品有多少人购买"，如"这件衣服，全网已经卖出3万件了"，从而刺激用户跟风购买。

第二，实用心理。带货产品只有能解决用户痛点，用户被种草的概率才会更大。因此，创作者在带货时，一定要先说出产品目标用户的痛点，并把对应的痛点放大，让用户对号入座，再引入产品，介绍产品是如何解决用户痛点的。比如，"脚胖、腿胖的就穿这个，这款颜色、板型真的非常显瘦"。

第三，捡漏心理。大部分的人都有"贪便宜"的心理，所以，一定要让用户产生"买到就是赚到"的心理。可以采取以下三个手段：一是降价，如"视频下方领取优惠券，便宜××元"；二是限时限量，如"限时限量，时间结束就要涨价了"；三是对比，如"比在实体店购买便宜××元"。

11.4 广告变现

视频号一旦有了较高的用户关注数量和人气，便可以通过发布广告的方式来顺利变现，获得实际收益。但从用户的角度来看，广告是最不受欢迎的内容，很多人甚至到了"一看广告便刷屏"的程度，因此广告变现并非随意地发几个广告就可以变现那么简单。

11.4.1 两种广告变现途径

视频号创作者在进行广告变现时，可以结合自身定位，灵活选择两种变现途径。

视频广告

视频广告看起来更加生动、直观，更易于第一时间吸引用户注意力，因而相对于文字广告推广效果更佳，更为广告主所青睐。但需要注意的是，硬性的视频广告往往会严重影响用户的观看体验，很容易引起用户反感。因此，想要做好视频广告，视频号创作者还需要掌握一定的技巧。

比如，一位美食博主，在制作美食时将所用到的酱油，做一个特写，便是一个非常好的广告，因为将其完美地融入了剧情，用户看了并不反感，且在视频的影响下，还会对该品牌的酱油产生较强的好奇心。

直播广告

除了视频广告外，视频号创作者还可以在直播中插入广告，完成变现。相比于视频广告，直播广告互动性更强，更易于引发用户的二次传播行为。比如，在直播中，创作者亲自体验广告产品，谈操作，谈感受，这样往往能够吸引用户的"弹幕攻击"，引发用户的热烈讨论。

那么，如何在直播中插入广告呢？

（1）启动封面。直播在启动之前的封面可以设置成广告，用户在观看之前都会点击此封面，继而实现预期的广告效果。

（2）背景图。可以将直播间的背景图设置为产品的宣传图，这样一来，用户在观看直播时便会"顺带"观看产品广告。

（3）将产品作为工具或道具。将产品作为直播时的工具或道具，可有效刺激用户的好奇心，比如，直播用的电脑、创作者穿的衣服、桌子上摆放的物品等。

（4）创作者直接试用。创作者直接试用该产品，向用户讲述产品的具体功能以及使用体验，可以有效地刺激用户的消费欲望。

11.4.2 选择合适的广告合作方式

对高人气视频号而言，有了响亮的个人品牌，广告主便会主动上门。在这个时候，创作者需要结合自身定位，选择一种适合自己的合作方式，在保证用户观看体验的同时，利用广告顺利变现。

通常情况下，视频号创作者可以采用四种广告合作方式。

冠名

所谓的"冠名"，是指合作商为提升企业、产品、品牌的知名度和影响力而在合作视频中采取直接展示其企业名、产品名、品牌名的一种广告形式，这种广告形式较为直接，相对而言比较生硬。这种广告形式在传统综艺节目中采用得比较多，比如×××节目由×××品牌独家冠名播出，在短视频领域尚处于萌芽阶段，应用得还不是很广泛。因为这种广告形式投入资金量大，且大多数有影响力的短视频创作者都不喜欢将广告放在片头，主要是怕影响用户观看视频的体验。所以，在选择这种方式时需要慎重考虑。

贴片

所谓的"贴片"，原本是指随公共放映的电影、电视剧、电视节目加贴的一个专门制作的广告，现在也逐步进入短视频领域，一般出现在片头和片尾。

贴片广告的优势如图11-9所示。

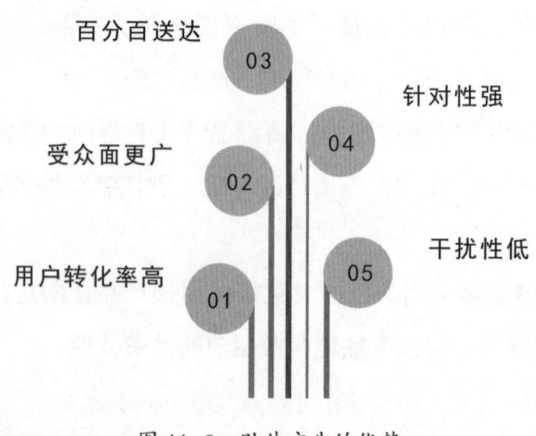

图11-9 贴片广告的优势

植入

所谓的"植入",是指把某个品牌的广告信息通过较为委婉的方式融入视频的情节,让观看者在不知不觉中熟悉或重复记忆这一品牌。只要设计得好,该广告方式不会对用户观看视频的体验产生负面影响,而且广告效果并不比其他方式差,所以,这是短视频领域最常用的广告合作方式之一。

在具体操作时,视频号创作者可以通过三种方法植入广告,如表11-5所示。

表11-5 植入广告的方法

方法	解读	举例
品牌作为背景	将产品品牌作为镜头背景,能够有效地吸引用户的眼球,激发他们的好奇心	在主要人物活动的场景中多次出现某个品牌的logo
产品作为道具	产品以道具的形式出现,以特写镜头呈现在用户眼前,这种视频广告形式更自然、更具情景感,运用得当往往能够取得更佳的效果	五一假期,三个老同学相聚在一起,举杯畅饮,所喝的啤酒便是广告产品;视频主角跳舞时所穿的衣服,也可以是广告产品
人物台词植入	通过视频中人物之口,自然地将产品代入情节中,引发用户的关注,刺激他们的消费欲望	有类似这样的台词:"亲爱的,明天就是我们结婚7周年纪念日了,你下班后带瓶××红酒,我再做一桌子菜,好好庆祝一下。"

产品情景视频

这种视频广告是为产品或企业定制的情景剧,以产品或企业为中心演绎情节,在用户眼中有较弱的广告感,因而接受程度非常高。比如,将产品广告做成一条网购拆箱视频,用户便会对产品有特别的印象。

11.5 社群变现

视频号不但是一个巨大的信息资源库，还是一个巨大的流量黑洞，汇聚了数以千万计的用户。这一庞大的用户群体本身就是无价之宝，假如创作者利用得当，便能快速地完成社群变现，淘得真金。

11.5.1 聚在一起的粉丝是巨大财富

山东济南的职业投资人老王，有着20多年股海淘金经验，每天都会在视频号上发布股市走势分析和技术总结类的短视频，半年下来便积累了2万多粉丝。

老王发布的视频，因为讲的都是实战技巧，例子真实，方法实用，因此用户认可度非常高。大家经常在其视频下面评论点赞，很多人都感叹从视频中学到了真技巧，让自己对股市的变化趋势把握得更加准确了。

后来，老王有了社群变现的想法，通过一系列活动将用户导入了微信群，因为他知道流量就是金钱，有了忠诚的用户，自然就可以通过社群的运作来变现。他通过产品合作、广告合作、服务合作等一系列运作，半个月便有了好几万元的收入。

可见，社群运营得当，视频号创作者便能顺利地将用户资源转化为实际的收益。但是在社群变现之前，视频号创作者需要明确自己的社群类型，如图11-10所示。

图11-10 视频号创作者可建立的社群类型

11.5.2 社群产品变现

所谓的"社群产品变现",是指通过向用户提供需求痛点解决方案,在将用户痛点转化为爽点的过程中获得收益的变现方式。另外,社群产品变现除了卖产品解决方案外,还可直接吸引用户参与到产品的设计和研发中,在产品设计、研发、营销等环节完成变现。

比如,视频号创作者可以在社群内推出产品构想,吸引用户参与到产品的设计、研发、宣传、内测等方面,这样一方面可以提升用户的参与感、成就感和归属感,另一方面则可通过在社群内销售产品获利,完成变现。

需要注意的是,在通过产品进行社群变现时,产品不能和社群调性相违背,不能为了利润什么产品都卖。比如,视频号创作者组建的是一个学习社群,在群内汇聚的都是渴望提升职场技能的用户,对产品的信任感还没有建立,这个时候假如创作者在社群中发布和职场学习毫无关联的产品,诸如家具、保健品等,转化率自然不高,甚至会因此降低大家对社群的信任感。

11.5.3 社群广告变现

除了在社群中销售产品外,视频号创作者还可将社群作为广告发布的渠道,通过收取广告费来完成变现。

具体而言,社群广告变现可以分为两种模式。

(1)为广告主发广告。在这种广告变现模式下,创作者通过在自己的微信群、QQ群、微博号、头条号等上面发布广告主的广告,获得相应的广告费。

(2)代理产品。视频号创作者通过在社群内发布代理产品的广告,引导用户购买广告产品,通过产品分成完成变现。

需要注意的是,在社群内发布广告要选择合适的发布方法和发布频率,如果发布方法生硬、发布频率过高,那就极易引起用户的反感和抵触。

社群广告变现的注意事项如图11-11所示。

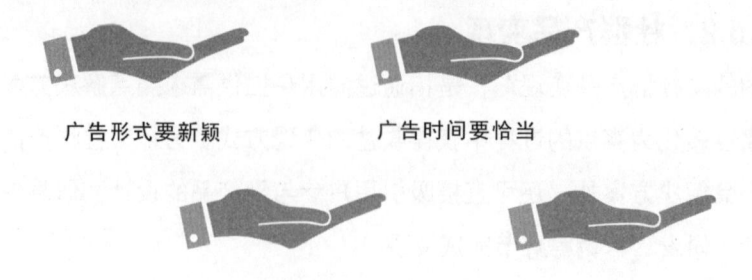

广告形式要新颖

广告时间要恰当

发布频率不能过高

广告产品的品质要好

图 11-11　社群广告变现的注意事项

11.5.4　社群服务变现

所谓的"社群服务变现",是指视频号创作者通过向社群用户提供专属的高价值服务来完成变现的方法。这种服务是收费的,相比于普通服务,其专业性更强、更快捷、更具定制性和个性化。社群服务的费用通常以会员费、门槛费等形式收取。

视频号创作者通常可向用户提供四种有变现价值的社群服务,如图11-12所示。

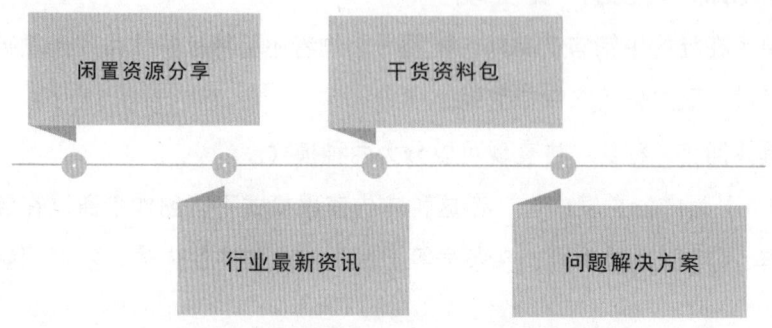

闲置资源分享

干货资料包

行业最新资讯

问题解决方案

图 11-12　四种有变现价值的社群服务

需要注意的是,一旦视频号创作者收取了用户的会员费,用户对社群服务的期盼度会变得更高,对服务价值的期望值会变得更大,因此必须逐步提升服务的专业性和价值性,让用户觉得物有所值,这样利用服务变现的方式才能长久。

11.5.5 社群合作变现

通过社群间的合作，诸如合作产品、资源交换、换粉互推等，视频号创作者也能顺利完成变现。比如，创作者将关注自己视频号的用户引入兴趣群、主题群和地域群中，便可以和各地的实体店进行合作，利用自己巨大的线上流量帮助对方引流拓客，或接受其他社群的广告推广任务，帮助对方推广产品和服务等。

视频号创作者在进行社群合作变现时，需要秉持两个原则。

（1）合作的社群要有自己的资源。创作者要想依靠社群合作快速完成变现，所合作的社群必须有某个方面的资源，且彼此有一定的互补性，这样合作的效果才更明显，可持续性才更强。比如，一个健身类社群，理想的合作社群对象便是职场女性社群，因为女性的爱美之心更强烈，对身材的要求更高。

（2）平等互利。社群之间的合作应当建立在平等互利的基础上，只有这样合作才能持久。因此，在合作之前，彼此就要敲定好推广方案，签署分成协议。

11.6 直播任务

为了更好地帮助视频号创作者快速成长、变现，获得更多收入，视频号平台推出了"直播任务"扶持计划。只要视频号创作者完成平台发布的相应任务，便可获得平台的金钱奖励。

创作者在视频号主页便可以看到"直播任务"入口，如图11-13所示。

视频号一般以月为单位向创作者发布任务，通常为两个阶段。

第一阶段，有效直播时长为45小时，有效开播13天以上的创作者，会收到其直播间收到礼物折合人民币5%的奖励，奖励会自动结算为直播收入。

第二阶段，有效直播100小时，有效开播22天以上的创作者，会收到其直播间收到礼物折合人民币12%的奖励，奖励会自动结算为直播收入。

需要注意的是，各个阶段的奖励并不互相叠加，即直播45小时，开播13天以下获得5%的奖励，而46～100小时，开播22天以上，则获得12%的奖励。

那么，什么是有效直播呢？视频号创作者只需要单场次直播满30分钟便会被视为有效直播，且单场总时长被记为直播有效时长，单日任意场次直播满60分钟，则会被记为一个直播有效天。

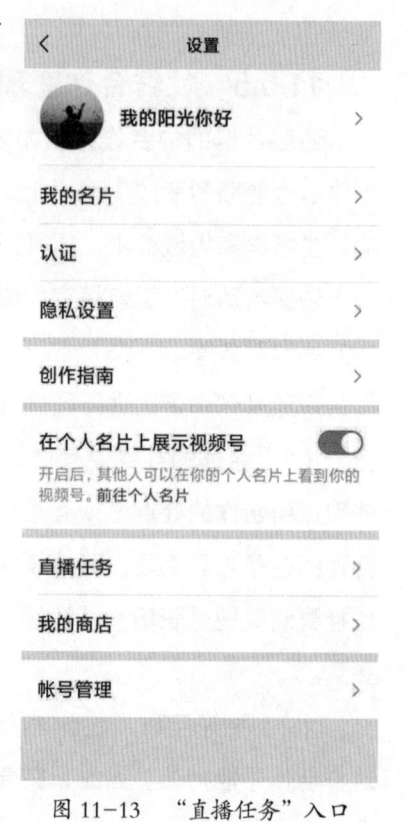

图11-13　"直播任务"入口

推荐阅读

360 度详解如何抓住农产品直播带货这个风口！

书名：农产品直播带货宝典
作者：汪波
书号：978-7-5454-7935-5
定价：35 元
出版日期：2021 年 10 月
出版社：广东经济出版社

360 度详解如何打造百万粉丝短视频大号！

书名：短视频营销全攻略
作者：向上
书号：978-7-5454-6799-4
定价：45 元
出版日期：2019 年 10 月
出版社：广东经济出版社

360 度详解如何打造百万粉丝超级头条号！

书名：头条号涨粉与运营全攻略
作者：郭春光　杨岚
书号：978-7-5454-7467-1
定价：45 元
出版日期：2021 年 2 月
出版社：广东经济出版社

360 度详解如何把自己打造成 B 站百大 UP 主！

书名：从零到百大：B 站 UP 主涨粉与变现运营实战
作者：黄阳明　大明
书号：978-7-5454-7991-1
定价：58 元
出版日期：2022 年 1 月
出版社：广东经济出版社

推荐阅读

拆解小而美商家爆品思维和爆品方法！

书名：小而美：新零售爆品法则
作者：袁亮
书号：978-7-5454-6345-3
定价：45 元
出版日期：2018 年 9 月
出版社：广东经济出版社

一本书把软文营销的那些套路拆解到位！

书名：软文营销实战：让销量倍增的文案写作套路
作者：魏星　王惠婷
书号：978-7-5454-5908-1
定价：45 元
出版日期：2018 年 5 月
出版社：广东经济出版社

快节奏时代你不可不学的说话术！

书名：极简表达：让人一听就懂的沟通技巧
作者：王海亮
书号：978-7-5454-7080-2
定价：45 元
出版日期：2020 年 3 月
出版社：广东经济出版社

实战导师带你做到演讲思路清晰、条理分明！

书名：黄金圈框架：一学就会的演讲套路
作者：陈权
书号：978-7-5454-8291-1
定价：68 元
出版日期：2022 年 4 月
出版社：广东经济出版社